DIETER HELLFEUER

MUSIK IN HAMBURG

EIN WEGWEISER DURCH DIE SZENE
DER STADT

CHRISTIANS

MUSIK IN HAMBURG

Die Deutsche Bibliothek – CIP-Einheitsaufnahme
Hellfeuer, Dieter:
Musik in Hamburg : ein Wegweiser durch die Szene der Stadt /
Dieter Hellfeuer. – Hamburg : Christians, 2000
ISBN 3-7672-1361-3

Umschlagabbildung: FPG / Bavaria Bildagentur
Illustrationen: CSA Archive / Photonica
Alle anderen Abbildungen: Dieter Hellfeuer
Gestaltung: Susanne Schwarz, Carsten Best
Gesamtherstellung: Christians Druckerei & Verlag, Hamburg

INSTRUMENTE & MEHR

INSTRUMENTE & MEHR

Das genaue Datum ist nicht mehr festzustellen, aber es muss irgendwann Ende des vergangenen Jahrhunderts gewesen sein, und zwar in einem argentinischen Bordell, als ein deutscher Seemann nicht genügend Bares für die empfangenen Liebesdienste bei sich hatte. Um Ärger aus dem Weg zu gehen, ließ er kurzerhand sein Instrument zurück, ein hübsch anzuschauendes Akkordeon des sächsischen Instrumentenbauers Heinrich Band. Die Damen waren entzückt, und als einige Zeit später ein argentinischer Musiker das Akkordeon entdeckte, war es passiert: In rasantem Tempo wurde das Instrument nachgebaut und verbreitete sich unter der Bezeichnung Bandoneon bald als Volksinstrument. Der daraus geborene Tanz, der kurz vor dem Ersten Weltkrieg zum Leidwesen prüder Sittenwächter auch nach Europa schwappte, war der Tango.

Claus Brusch, Inhaber des gleichnamigen Akkordeon-Centrums in Norderstedt, bürgt für diese Geschichte. Und nicht nur hier wird deutlich, dass der Handel und der Verkauf von Instrumenten mehr ist als nur ein reiner Tausch Geld gegen Ware.

Mit über 100 Musikgeschäften bietet Hamburg für Anfänger bis zum Profi eine riesige Auswahl an Instrumenten aller Gattungen, von der Blockflöte für 20 bis zum Flügel für 170.000 Mark. Neben den traditionsreichen Vollsortimentgeschäften haben sich speziell in den "Instrumentenhochburgen" zwischen Uni- und Karo-Viertel und in Altona viele Spezialgeschäfte etabliert, die nicht selten von aktiven Musikern geführt werden. Die Passion gehört in diesem "Geschäft" einfach dazu, und der Kunde kann davon in puncto Beratung und Service, wie dem mittlerweile üblichen Mietkauf, profitieren.

Eine Sonderstellung nehmen die Hamburger Instrumentenbauer ein, zumal die von ihnen gefertigten Instrumente eben nicht ganz billig sind, trotzdem aber längst nicht nur von Berufsmusikern gekauft werden. Zum Teil sind sie in der im Jahr 1934 gegründeten Hamburger Musikinstrumentenbauer-Innung organisiert, der gegenwärtig 14 Mitgliedsbetriebe angehören. Wie in jedem Handwerksberuf ist eine umfangreiche Lehrzeit zu absolvieren. Dreieinhalb Jahre dauert die Ausbildung im Betrieb, die durch die Blocklehrgänge an der Musikinstrumentenbauschule in Ludwigsburg oder an der Mittenwalder Geigenbauschule ergänzt wird. Nach mindestens drei Jahren Berufspraxis darf ein Geselle die Meisterprüfung ablegen, die zur Gründung einer eigenen Werkstatt berechtigt.

Bei der folgenden Auswahl Hamburger Musikhändler und Instrumentenbauer wurde versucht, zum einen die Bandbreite des Instrumentenhandels und -baus, darüber hinaus aber auch die regionale Streuung zu berücksichtigen. Besonderer Wert wurde auf jene Namen gelegt, die schon länger mit Hamburg verbunden sind.

Chaos und Charme zeichnen den Musikkeller in der Langen Reihe aus

VOLLSORTIMENTER

In Zeiten zunehmender Spezialisierung scheint ihre Zeit beinahe abgelaufen: Musikgeschäfte, in denen es von der Blockflöte bis zum Konzertflügel alles gibt, was mit Musik zu tun hat. Dennoch konnten sich in diesem Bereich bis heute in Hamburg eine Reihe von Traditionshäusern halten, deren Geschichte zum Teil bis in das vergangene Jahrhundert zurückreicht. Parallel dazu sind ab den späten 60ern neue Musik-"Kaufhäuser" entstanden, die sich auf Rockequipment aller Art konzentriert haben und die in Größe und Angebotsvielfalt die "Klassiker" inzwischen überflügelt haben.

AMPTOWN

Aus der Not die sprichwörtliche Tugend gemacht hatten Ende der 60er Peter Matthes und Burkhard Bürgerhoff, als sie auf der Suche nach geeignetem Equipment für ihre Rock-Ambitionen ins Land der Beatles reisten, um dort das nötige Handwerkszeug zum Berühmtwerden zu organisieren. Das hat dann auch durchaus geklappt, wenngleich ein wenig anders als ursprünglich gedacht. Von Musikerkollegen um ihre Schnäppchen wie den legendären Verstärker Vox A 30 beneidet, gründeten die beiden 1973 kurzerhand eine Firma und nannten sie Amptown. Ein Vierteljahrhundert später ist der aus einer Laune heraus geborene Name Realität geworden. Aufgegliedert in die Bereiche Musik und Technik, Showtechnik, Produktion, Multimedia,

Installationen und Verleih, ist in der Wandsbeker Chaussee im Schatten des Otto-Versands tatsächlich ein kleines Musikdorf entstanden. Von der günstigen Einsteigergitarre bis zum Studio-Mischpult für den Preis eines Mittelklassewagens findet sich hier bis auf akustische Klaviere und Blasinstrumente eigentlich alles, was Töne erzeugt, verstärkt, verändert und wiedergibt.

Die Kundschaft reicht vom Keyboarder der James-Last-Big-Band über den Basser von Halloween bis hin zu Rock- und Pop-Veteranen à la Dieter Bohlen oder Roger Daltrey. Dazwischen tummeln sich alle, die Lust auf Musik haben, darunter immer mehr auch Leute im fortgeschrittenen Alter, die, durch Pensionsansprüche und Aktienfonds finanziell mit sich und der Welt im Reinen, noch mal einen auf Rentnerband machen. Für Anfänger kann die Masse an Instrumenten und anwesender Musiker-Polizei beim Antesten der Instrumente vielleicht hemmend wirken, trotzdem sollte sich niemand schämen, eine 3000 Mark teure Les-Paul-Gitarre mit einem Deep-Purple-Dreiklang zu begrüßen. Das Instrument wie auch die Amptown-Leute sind es gewohnt. Wer den Weg nach Wandsbek-Gartenstadt zu weit findet, kann sich per Internet bei einem virtuellen Spaziergang durch die Verkaufsräume vorab über das Angebot informieren.

AMPTOWN ELECTROACUSTIC GMBH
Wandsbeker Str. 26 · 22179 Hamburg
Tel. 64 60 04 0 · Fax 64 60 04 85 · www.amptown.de

HAUS DER MUSIK

Romeos, die ihre Julia in einer bevorstehenden Mondscheinnacht unterm Balkon mit einer auf der Mandoline gezupften Serenade beeindrucken wollen und verzweifelt auf der Suche nach Instrument und Noten sind, brauchen dafür nicht extra nach Venedig zu reisen: Ein europa-, wenn nicht gar weltweit einmaliges Sortiment an Noten für Zupfinstrumente findet sich im Haus der Musik am Langenhorner Markt.

Inhaber Joachim Trekel, der das Geschäft Anfang der 60er in der Tangstedter Landstraße gründete und damit zehn Jahre später an den heutigen Standort in der Willerstwiete umzog, vereinigt im Haus der Musik einen Vollsortimenthandel und eine Musikschule mit acht Lehrern für den Bedarf im Hamburger Norden, einen

Musikverlag sowie die bereits erwähnte Spezialisierung auf Literatur für und über Zupfinstrumente. In Kisten verpackt, gehen die über eineinhalb Tonnen Noten und Tabulaturen seit nunmehr 25 Jahren auf Reisen quer durch Deutschland, Österreich, Frankreich und Norditalien und sind auf allen bedeutenden Gitarrenfestivals und Ausstellungen von Zupfinstrumenten vertreten.

Eine große Auswahl an (akustischen) Gitarren und Mandolinen – und zwar vom Anfänger- bis zum Meisterinstrument – steht im Haus der Musik zum Antesten bereit, das darüber hinaus auch Streich-, Blas- und Zupfinstrumente sowie jedes nur erdenkliche Zubehör sowie eine mit Raritäten gespickte Sammlung an Gitarren-CDs beherbergt. Reparaturen werden in der eigenen Werkstatt ausgeführt.

HAUS DER MUSIK
Joachim Trekel · Willerstwiete 17 · 22415 Hamburg
Tel. 520 33 97 · Fax 520 78 24

MUSIKHAUS LEBENS

Vor fast 120 Jahren, am 28. März 1882, eröffnete der Harburger Klavierbauer Johann Peter Friedrich Lebens das "Erste Harburger Musikwaren-Fachgeschäft" in der Schloßstraße, der damaligen Flaniermeile des knapp 20.000 Einwohner zählenden Städtchens Harburg/Elbe. Standesgemäß mit Cut und Zylinder ausgestattet, besuchte er seine Kunden, um Klaviere zu stimmen, ausgeliefert wurden die Instrumente mit lebendigen Pferdestärken.

Kaiserreich, Inflation, Bomben und die Nachkriegszeit haben ihre Spuren hinterlassen, geblieben ist der Name Lebens. 1960 übernahm der Kaufmann und Musiker Joseph Gratzer das Geschäft von dem mit der Familie eng befreundeten Friedrich Lebens jr., der kinderlos geblieben ist.

Heute wird das Musikhaus Lebens von der Musikkauffrau Birgitt Wichert und der Klavierbauerin Ursel Tressat geleitet, beides Töchter von Joseph und Waltraud Gratzer. Seit 1978 in einem modernen Geschäftshaus direkt bei der S-Bahn-Station Harburger Rathaus ansässig, präsentiert sich das Musikhaus Lebens seinen Kunden als Vollsortimentgeschäft, in dem in getrennten Stockwerken, nach Sparten sortiert, fast alle Arten an Instrumenten, von der Mundharmonika bis zur (auch ausleihbaren) Drehorgel, sowie Musikunterricht und Reparaturen angeboten werden. Dazu kommt eine erstklassig sortierte Notenabteilung von Klassik bis Pop, die zu den größten Hamburgs gezählt werden kann.

Birgitt Wichert und ihre Schwester Ursel Tressat leiten das Geschäft mit viel Engagement und Charme und einer spürbaren Freude am Handel mit den vielen schönen Musikinstrumenten und manch seltenem Zubehör wie echten Holznotenpulten. Hier werden im Übrigen als einzigem Standort in Deutschland Tambourstäbe gebaut und europaweit vertrieben.

MUSIKHAUS LEBENS · Sand 21 · 21073 Hamburg
Tel. 77 34 93 · Fax 766 42 31
www.dufis.de/hh/musikhaus-lebens

MUSIKKELLER

Dass jemand auf der Suche nach einem Bandoneon in der Hauptstadt des Tangos, Buenos Aires, den Rat bekommt, am besten doch mal im Hamburger Musikkeller nachzufragen, gehört zu den Anekdoten, die Michaela Furtenbacher zu erzählen weiß. Der seit 1965 in der Langen Reihe ansässige Laden taucht unter anderem in amerikanischen Hamburg-Guides als Geheimtipp für Musiker auf. Insofern kann es auch nicht überraschen, dass Klangtüftler wie Tom Waits zu den Stammkunden des Familienbetriebes gehören. In den Souterrainräumen drängeln sich in charmanter Enge ausschließlich akustische Instrumente nahezu aller Gattungen zwischen Noten, Lehrbüchern und Zubehör aneinander, eine Fundgrube auch für die exotischen Wünsche von Weltmusikern. Ob indische Sitars, schottische Dudelsäcke oder Orff'sche Flöten – irgendwo in den unzähligen Regalen findet sich mit großer Wahrscheinlichkeit das entsprechende Instrument, und wenn nicht, sind die Furtenbachers gerne bereit, ihre Kontakte spielen zu lassen. Klangpädagogen und Liebhaber des Esoterischen können in der in Hamburg wohl größten Auswahl an Gongs und exotischen Percussionsinstrumenten stöbern, eine Tatsache, die auch Nina Hagen zu entzücken weiß.

Dass hier nicht das dicke Geld verdient wird, braucht eigentlich keiner weiteren Erwähnung, außer der vielleicht, dass dem Musikkeller als echtem Original des Quartiers noch eine lange Zukunft zu wünschen ist.

MUSIKKELLER · Lange Reihe 94 · 20099 Hamburg
Tel. 24 77 82 · Fax 280 54 173 · www.Musikkeller.de

MUSIKLADEN SIMSEK

Die Wände des Hinterzimmers vom Musikladen Simsek sind übersät von Fotografien mit musizierenden Kindern und Jugendlichen, und Inhaber Yalcin Simsek ist sichtlich stolz darauf, dass sein Laden seit über 20 Jahren für die recht urbane Gegend um den Winterhuder Weg über den Verkauf von Instrumenten hinaus eine Anlaufstelle für Unterricht in Piano, Akkordeon, Gitarre und Gesang geworden ist.

Gemeinsam mit seiner Frau Süheyla und einem Gitarrenlehrer unterrichtet er den musikalischen Nachwuchs aus Winterhude und Barmbek in den eigenen vier Wänden, die Arbeiterwohlfahrt stellt alljährlich Räume für entsprechende Auftrittsmöglichkeiten zur Verfügung. Als erste und einzige Schule in Deutschland für türkisches Liedgut kommen die Interessenten zum Teil sogar aus Schleswig-Holstein angereist.

Der Laden selbst hat den Charme eines im guten Sinne des Wortes altmodischen Musikgeschäftes und kommt ohne glitzernde Vitrinen oder halogenbeleuchtete Fassaden aus. Dafür gibt es zur Einstimmung ein Aquarium mit Zierfischen sowie im Nebeneingang eine Sammlung alter Akkordeons zu sehen, jahrzehntealte Originale, die jedem Museum zur Ehre und Hans Albers die Tränen in die Augen treiben würden.

Reparaturen auch an billigen Instrumenten werden gerne übernommen. Das Angebot an Neu-Instrumenten besteht aus E-Pianos, Keyboards, Orgeln, Akkordeons, preisgünstigen Gitarren sowie digitalem Equipment und Zubehör.

MUSIKLADEN SIMSEK
Winterhuder Weg 55 · 22085 Hamburg · Tel./Fax: 229 88 88

MUSIK MARKT HAMBURG

In das unwirtliche Niemandsland im Schatten des Fernsehturms und unweit der Schlachthöfe, kurioserweise in die Schönstraße, dürfte sich wohl kaum Laufkundschaft verirren.

Die hat der Musik Markt Hamburg auch nicht nötig, denn der angehende wie professionelle Bühnenarbeiter findet hier alles, was für Beschallung und Licht wichtig ist. Studio-Equipment und die neuesten Errungenschaften aus dem Bereich des Home-Recording, ferner Keyboards von Rang und Namen sind weitere

Schwerpunkte im Angebot, das sich zwangsläufg eher an den technisch versierten und mit den Schaltern, Reglern und Knöpfen vertrauten Musiker wendet.

Ein relativ kleines Sortiment an Gitarren und Bässen lockert das High-Tech-Ambiente für musikalische Fundamentalisten auf. Das Team vermittelt einen kompetenten Eindruck, und (nicht nur) Mark vom Subotnik schwört auf das Sortiment an Ersatzteilen, das schon so manches Konzert gerettet hat.

MUSIK MARKT HAMBURG
Schönstraße 9 · 20357 Hamburg
Tel. 35 54 51-0 · Fax 35 54 51 51

MUSIK VON MERKL

Lust auf Musik? Eines der größten Musikhäuser Norddeutschlands mit Vollsortiment ist Musik von Merkl im Zentrum Bergedorfs. Seit 1962 wird das Fachgeschäft persönlich von der Familie Olaf von Merkl geführt, die Verkaufsfläche beträgt inzwischen 400 qm und erstreckt sich auf vier Etagen. Der Schwerpunkt des Angebots liegt im Bereich traditioneller Instrumente wie Gitarren, Blas- und Rhythmusinstrumente, ferner Klaviere, Streichinstrumente und Akkordeons. In der Abteilung für digitale Keyboards sowie in der "Rockstation" finden aber auch Musiker mit Hang zur Verstärkung eine große Auswahl an Instrumenten, Equipment und Zubehör vor. Besonders zu erwähnen ist die große Abteilung für Kinder, vom Einstiegsinstrument über die CD oder MC bis zum Liederbuch.

Mit rund 50.000 Notentiteln aus dem klassischen und modernen Repertoire, mit Musikbüchern, Songbooks und klassischen CDs präsentiert sich das Familienunternehmen als Spezialist auch für ausgefallene Wünsche.

Workshops, Fortbildungen und Nachwuchsförderung belegen, dass bei Musik von Merkl die Liebe zur Kunst nicht an der Kasse aufhört. Von hier aus werden im gesamten norddeutschen Raum zahlreiche Schulen, Musikschulen, Chöre und Orchester betreut.

MUSIK VON MERKL
Chrysanderstraße 2a · 21029 Hamburg
Tel. 72 54 06-0 · Fax 72 54 06-19
www.musik-von-merkl.de · E-Mail: info@musik-von-merkl.de

NO. 1 MUSIC PARK

Nicht jedes Musikgeschäft wird mit einem mehrseitigen Bericht im Playboy geadelt, und auch nicht jeder Laden kann sich mit einem ziemlich übernächtigten Keith Richards rühmen, der morgens um acht an der Eingangstür rüttelt, um eine Klampfe zu kaufen.

Bernhard Kurzke kann eine ganze Reihe von Anekdoten erzählen, die sich seit der Gründung seines "Music Center" im Jahr 1977 zugetragen haben, unter anderem auch der, dass er bereits ein gutes Jahr später 1.200 deutsche Händler mit Fender-, Rhodes und Rogers Ersatzteilen belieferte. Zusammen mit seinem ersten Mitarbeiter und späteren Mit-Inhaber Thomas Weilbier bezog er 1988 in der Barner Straße gegenüber der Altonaer Fabrik den No. 1 Music Park. In dem äußerlich eher schmucklosen zweistöckigen Gebäude gaben sich seitdem neben Heerscharen Hamburger Musiker die Stars des Rockbiz von den Scorpions bis Lou Reed die Klinke in die Hand.

Dies nicht ohne Grund: Etwa 600 Gitarren und Bässe von der kindergerechten Konzertgitarre bis zu sündhaft teuren Vintage-Modellen stehen allein in der Gitarren-Abteilung zur "Anprobe" bereit, ein paar Schritte weiter bzw. eine Treppe höher muss man versuchen, in puncto Verstärker oder Drums und Percussion den Überblick zu behalten – was nicht gerade einfach ist.

No. 1 Music Park ist nicht nur Händler, sondern Mit-Entwickler von Instrumenten und Zubehör. Anregungen und Wünsche von Musikern in Verbindung mit weltweiten Kontakten führten zur Produktion innovativer Lösungen vom Gurt über Gitarren bis zu Verstärker-Portables. Auf dieses "Feedback" legen Bernhard Kurzke und Thomas Weilbier viel Wert, und nicht zuletzt hierauf ist der Erfolg der hauseigenen Entwicklungen zurückzuführen.

NO.1 MUSIC PARK
Barner Straße 42 · 22765 Hamburg
Tel. 39 11 51 · Fax 39 11 56 · www.no-1.de

... und auch hier gibt's kompetente Beratung und eine große Auswahl:

BRINKMANN
Spitalerstraße 10 · 20095 Hamburg · Tel. 300 40

GITRONIK GMBH Instrumentenhandel und Restauration
Fuhlsbüttler Straße 681 · 22337 Hamburg · Tel. 500 09 02

H.O.T.
Behringstraße / Baustraße · 22605 Hamburg · Tel. 881 52 381

MUNDSBURGER MUSIK MAGAZIN
Mundsburger Damm 50 · 22087 Hamburg · Tel. 220 84 34

MUSIKALIEN-WAGNER
Große Theaterstraße 43 · 20354 Hamburg · Tel. 35 25 90

MUSIK ALSTER NORD
Ochsenzollerstraße 129 · 22848 Norderstedt · Tel. 523 32 40

MUSIKHAUS HEINZ SABLOTNY
Holtenklinkerstraße 38
21029 Hamburg · Tel. 724 47 35

MUSIKHAUS IN SCHNELSEN
Frohmestraße 59a · 22459 Hamburg
Tel. 550 39 57

MUSIKHAUS SCHWARZ
Heegbarg 81a · 22395 Hamburg
Tel. 606 51 11

SECONDO NOTENFACHGESCHÄFT
Tornberg 39 · 22337 Hamburg
Tel. 50 04 90 99

WANDSBEKER MUSIKHAUS GMBH
Wandsbeker Königstraße 19
22041 Hamburg · Tel. 68 21 31

BLASINSTRUMENTE

Wer in seiner Schulzeit mit Blockflötenunterricht gequält oder von der Freiwilligen Feuerwehr für die Marschmusik zwangsrekrutiert wurde, mag ein gespaltenes Verhältnis zu Blasinstrumenten haben. In einer vom Jazz geprägten Stadt wie Hamburg sieht das natürlich anders aus. Saxophon, Trompete und Posaune gehören hier längst zum guten Ton, und beim Klang einer virtuos gespielten Oboe d'amore werden auch heute noch Frauenherzen schwach.

HOLGER BASTEIN

Gleich hinter den Ottensener Zeisehallen betreibt Holger Bastein seit 1993 sein gleichnamiges Fachgeschäft für Holzblasinstrumente. Einsteiger wie Orchesterprofis finden in dem Laden in der Erdmannstraße 4 eine große Auswahl an Flöten, Klarinetten (Deutsches- und Böhm-System), Oboen, Fagotte sowie alle Arten von Saxophonen vor. Sämtliche Neu-Instrumente sind mit einer Drei-Jahres-Garantie ausgestattet. Mundstücke, Noten und Zubehör vervollständigen das Angebot. Auch bei etwaigen Verstimmungen ist man hier an der

Holger Bastein ist auch ein kompetenter Ansprechpartner, wenn es um die Vermittlung von Musikunterricht auf seinen Instrumenten geht

richtigen Adresse: Der Meisterbetrieb übernimmt Reparaturen aller Holzblasinstrumente. Empfehlenswert für Anfänger und Unentschlossene ist die Möglichkeit des Mietkaufs. Gegen eine Kaution (ein Drittel bis ein Fünftel des Instrumentenwertes) und eine geringe Monatsrate, die beim Kauf angerechnet wird, kann das Instrument zwischen drei und sechs Monaten gemietet werden. Bastein gehört zu den Förderern der von der Hamburger Jugendmusikstiftung betreuten "Klingenden Instrumentensammlung" in der Musikhalle.

> **HOLGER BASTEIN · Holzblasinstrumente**
> **Erdmannstr. 4 · 22765 Hamburg**
> **Tel. 390 88 08 · Fax 390 88 09 · www.bastein.de**

BRASSERIE HAMBURG

Wer bei Brasserie spontan an französische Esskultur denkt, sollte zur Vervollständigung seines Allgemeinwissens zur Kenntnis nehmen, dass der Name in Hamburg für die größte Auswahl an Blechblasinstrumenten (englisch: Brass) und Zubehör in Norddeutschland steht.

Die Brasserie Hamburg hat die größte Auswahl an Blechblasinstrumenten in Norddeutschland

Michael Danner und Jonathan Myers – beides Profi-Brasser (u.a. bei "Cats") – eröffneten das Fachgeschäft 1995 in St. Georg mit dem Anliegen, in puncto Angebot, Beratung und Service für Anfänger wie Kollegen Maßstäbe zu setzen, die sie bis dato in Hamburg vermisst hatten. Inzwischen weist die Kundendatei europaweit 3.000 Adressen von Musikern auf, die über den vier- bis sechswöchig verschickten Newsletter über all das auf dem Laufenden gehalten werden, was in der Branche zum guten Ton gehört. "Wir verstehen uns als Forum für Blechbläser, in dem ein ständiger Austausch rund um das Instrument und die Musik möglich ist", sagt Michael Danner. So fand im vergangenen November bereits der dritte Brassgipfel in einer ehemaligen Maschinenfabrik in St. Georg statt, an dem unter anderem 16 Aussteller, sechs Blechblas-Ensembles und Dozenten teilnahmen. Wer das Virtuelle bevorzugt, wird inzwischen auch im Internet bedient. Die Angebotspalette an Zubehör, vom Atemtrainingsgerät über CDs bis zum Guiness-Buch-verdächtigen Sortiment an Klappen-Ölen, befriedigt im Zusammenwirken mit einem vorrätigen Bestand an ca. 500 Instrumenten (alle Marken, darunter viele Raritäten) auch ausgefallene Wünsche. Nicht-Hamburger können auf den weltweiten Versandservice zurückgreifen. Für Anfänger gibt es eine umfangreiche Beratung, die eine Vermittlung kompetenter Musiklehrer einschließt.

BRASSERIE HAMBURG · Blechblasinstrumente
Koppelstraße 94 · 20099 Hamburg
Tel. 243 728 · Fax 243 992 · www.brasseriehamburg.de

GRONITZ MUSIKHOF

Im Bahrenfelder Werkhof an der Haydnstraße 10 geht es über eine gefährlich anmutende Stahltreppe hinauf in den Gronitz Musikhof. Insider wissen: Seit über 60 Jahren werden hier Blechblasinstrumente gebaut, repariert und natürlich auch verkauft. Dietrich Kleine-Horst und Karl-Friedrich Günther, beides gelernte Meister ihrer Zunft, führen seit dem Tod des für seine "Doppeltuba" bekannten Namensgebers im Jahr 1973 den Betrieb weiter. Sie fertigen Instrumente nach individuellen Wünschen, speziell die Tuben sind überregional ein Begriff! Die Werkstatt vermittelt einen Eindruck von den handwerklichen Anforderungen, die mit dieser Arbeit verbunden sind, und spätestens beim Anblick eines in eine Werkbank eingespannten Sousaphons verharrt man ehrfuchtsvoll. Der lichte Verkaufsraum präsentiert eine glänzende Auswahl an Trompeten, Posaunen, Tuben und Hörnern sowie Zubehör wie etwa die bei allen Nachbarn beliebten Schalldämpfer. Auch ein Blick in das CD-Regal lohnt sich: Die mit Raritäten gespickte Sammlung mit Blechblasmusik vom Barock bis zum Jazz dürfte in Norddeutschland ihresgleichen suchen. Karl-Friedrich Günther und Dietrich Kleine-Horst sind nebenbei auch als Musiker aktiv, letzterer als Tubist bei den Jazz-O`Maniacs.

GRONITZ MUSIKHOF · **Blechblasinstrumente**
Haydnstraße 10 · **22761 Hamburg** · **Tel./Fax: 89 16 49**

HOLZBLASINSTRUMENTE JOSEF MÜLLER

Neonbeleuchtete Auslagen oder bunte Reklameschilder hat die Firma Josef Müller im Karolinenviertel nicht nötig, und man muss schon den Klingelknopf betätigen, um Einlass in den Altbau in der Feldstraße 51 zu erhalten.
Bereits 1905 eröffnete August Seidel an gleicher Stelle ein Musikgeschäft. 1952 wurde es von Josef Müller, einem aus der Wiege des Instrumentenbaus, dem Erzgebirge, stammenden Meister übernommen. Aus der Kriegsgefangenschaft kommend, fand er in Hamburg seine zweite Heimat. Dessen Sohn und jetzigem Inhaber Peter Müller wurde die Liebe zum musikalischen Handwerk vererbt. In der für diese Gegend typischen Jugendstilwohnung, die zugleich Verkaufsraum und Werkstatt ist, fertigt der gelernte Holzblasinstrumentenbaumeister Konzertflöten nach indi-

viduellen Wünschen, die trotz ihres hohen Preises in ganz Deutschland Auftraggeber respektive Abnehmer finden. Nicht selbst gefertigt, dafür sorgfältig für die unterschiedlichen Bedürfnisse vom Anfänger bis zum professionellen Musiker ausgesucht sind die Klarinetten, Piccoloflöten und Saxophone, die in einer Glasvitrine in der "Guten Stube" angeboten werden. Speziell für Eltern, die ihren Kindern nicht mal eben ein Instrument für einige tausend Mark kaufen können, stellt Peter Müller Leihinstrumente zur

Verfügung. Die Reparatur aller Holzblasinstrumente ist hier ebenso selbstverständlich wie die fachkundige und intensive Beratung, auf die Peter Müller besonderen Wert legt. "Ein Instrument soll die musikalische Entwicklung fördern und nicht behindern", sagt der Vater zweier Töchter, die beide Musik studieren und damit die Tradition der Familie Müller weitertragen.

Holzblasinstrumentenbaumeister
Peter Müller bei der Arbeit
in seiner Werkstatt

HOLZBLASINSTRUMENTE JOSEF MÜLLER
Inhaber Peter Müller
Feldstraße 51 · 20357 Hamburg
Tel./Fax 43 31 36

PMS – PROFESSIONAL MUSIC SHOP

Einen passenderen Standort als praktisch um die Ecke vom renommierten Birdland kann sich ein Fachgeschäft für Blasinstrumente kaum wünschen. Nadir Ibrahimoglu, Inhaber von PMS - Professional Music Shop, bedauert es insofern nicht, 1987 von der Hoheluftchaussee an die Gärtnerstraße umgezogen zu sein. Seit 21 Jahren im Geschäft, selber aktiver Posaunist und in nahezu allen Hamburger Jazzclubs zu Hause, hat er PMS zu einem unter Musikern in ganz Deutschland bekannten Kürzel für eines der größten Sortimente an Instrumenten speziell im Bereich Saxophone und Klarinetten gemacht. Entsprechend nimmt die Kundschaft zum Teil lange Wege in Kauf, um in dem ansprechend gestylten Interieur aus dem Vollen zu schöpfen. Die große Auswahl an Mundstücken, Zubehör und Noten sowie der Reparaturservice runden das Angebot an "Hardware" ab. Parallel zum Direktverkauf gibt es einen Versandservice, die Preisliste ist über das Internet abrufbar. Ein Besuch bei PMS bietet sich auch für Anfänger an, zumal PMS eine Rückkaufgarantie bei Nichtgefallen gewährt und in den gleich nebenan befindlichen Unterrichtsräumen die Möglichkeit besteht, mittels geschulter Lehrer das Wesen der "Kanne" von Grund auf zu ergründen.

PMS – PROFESSIONAL MUSIC SHOP
Spezialgeschäft für Blasinstrumente
Gärtnerstr. 122 · 20253 Hamburg
Tel. 491 00 88 · Fax 401 43 71
www.pms-music.de

Nadir Ibrahimoglu weiß, was Jazzer mögen

TITTMANN'S DRUM & SAXOPHON STUDIO

Der Name Tittmann gehört zu den Urgesteinen der Hamburger Musikhäuser. Von 1927 bis 1979 führte der Bassist und Namensgeber Otto Tittmann in den Hütten ein Musikgeschäft mit Vollsortiment, das 1980 schließlich von Kay Siebold übernommen und auf die Bereiche Saxophon und Drums spezialisiert wurde. Unterstützt von seinem langjährigen Mitarbeiter, dem Schlagzeuger Thomas Reymann, führt er seitdem Tittmann's Drum & Saxophon Studio, die Übernahme des Namens ist eine kleine Verbeugung an die offensichtlich glückliche Lehrzeit, die Kay Siebold hier unter anderem unter den Fittichen des älteren Hamburger Musikern bekannten Kollegen Fred Brownwood verbracht hat. Mag die

Doppelt hält besser: Thomas Reymann und Kay Siebold von Tittmann's Drum & Saxophon-Studio

Kombination von Schlagzeug und Blasinstrumenten für den Laien etwas ungewöhnlich erscheinen, für die beiden "Tittmänner" macht sie Sinn. Zum einen sind sie jeweils praktizierende Musiker auf ihrem Gebiet, was sich unter anderem in der Beratungsqualität widerspiegelt. Zum anderen können in der Werkstatt die gleichen handwerklichen Instrumentarien zum Einsatz kommen, zumal die Reparatur und Restaurierung alter Instrumente zu den Spezialitäten in Tittmann's Drum & Saxophon Studio gehört. Das Angebot erstreckt sich von neuen und gebrauchten Instrumenten über Noten und Zubehör, Mietkauf ist möglich. Da in dem Laden viele Musiker verkehren, ist das Geschäft gleichzeitig eine Kontaktbörse wie ein Forum für aktuelle Trends. Entsprechend kennen Kay Siebold und Thomas Reymann die "Szene" aus dem Effeff.

TITTMANN'S DRUM & SAXOPHON STUDIO
Eimsbüttler Chaussee 46 · 20259 Hamburg
Tel. 439 15 00 · Fax 432 27 52 · www.tittmann.de

... und auch dies sind gute Adressen:

BLECHBLASINSTRUMENTE H. WETZEL GMBH
Alsterkrugchaussee 587
22335 Hamburg
Tel. 59 06 06

INGOLF MATTERN
Meisterwerkstatt für Holzblasinstrumente
Tornberg 39
22337 Hamburg
Tel. 59 15 07

CHRISTOPH SEIFERT
Holzblasinstr. Verleih Oboenstudio
Pilatuspool 17
20355 Hamburg
Tel. 35 71 90 30

GITARREN & ZUPFINSTRUMENTE

Eine Zeit lang sah es ja so aus, als würde jeder Mann zwischen 16 und 36 Gitarre spielen, und wer zu kurze Finger hatte, konnte es zumindest bei Luftgitarrenwettbewerben zur Meisterschaft bringen. Die "Gitarrenhysterie" hat sich inzwischen gelegt, was nicht zuletzt damit zusammenhängt, dass in der modernen Pop-Musik eher Drum ‚n' Bass und Keyboardsamples dominieren. Echte Gitarristen braucht dies nicht zu stören, denn sie wissen, dass ein am Strand dahingezupftes "Wish you were here" unabhängig von allen Modetrends nur schwer zu toppen ist.

GEORGE MUSIC SHOP

Zum Urgestein der Hamburger Gitarrenspezies zählt George Music Shop in der Gärtnerstraße.
Seit 1972 verwaltet der Namensgeber und Inhaber auf engstem Raum ein Chaos aus elektrischen und akustischen Gitarren, Bässen, Verstärkern, Songbooks, Lehrbüchern und Zubehör und behält bei alldem auf wundersame Weise sowohl den Über- als auch den Durchblick. Die Instrumente, die hier in der Regel unter Listenpreis angeboten werden, reichen vom Einsteigermodell bis zum amtlichen Statussymbol und sind zum Teil von George selbst gefertigt, der folgerichtig auch für Reparaturen zuständig ist. Nebenbei betreibt er Norddeutschlands größten Saitenversand, dessen Sortiment auch über das Internet bestellbar ist. Macht der Laden auf den ersten Blick den Eindruck, als sei hier die Zeit für Analog-Freaks stehen geblieben, so belehrt einen der zweite Blick eines Besseren. Ob Musikersoftware für Harddisc-Recording oder digitale Multieffekte – George hat's. Allerdings behält er sich das Recht der Vorauswahl vor, und so mancher fachblatthörige Musiker wird argumentativ erst einmal zurechtgestutzt.
So richtig reich wird man damit wohl nicht, aber darauf kommt es George nach eigenem Bekunden auch nicht an. Der gelernte Maschinenbauer hat bereits in den Siebzigern konkret gegen die staatlich verordneten Ladenschlusszeiten rebelliert, indem er die Tür auch nach 18 Uhr für seine nicht gerade als Frühaufsteher bekannten Stammkunden offen hielt. Das ist so geblieben und

auch gut so, trotzdem sollte man bei einem Besuch im George Music Shop Zeit mitbringen. Der Mann nimmt sie sich nämlich.

GEORGE MUSIC SHOP
Gärtnerstraße 105 · 20253 Hamburg
Tel. 491 90 40 · Fax 491 90 60 · www.george-music-shop.de

GUITAR SHOP

Seit 1979 existiert der Guitar Shop in der Holstenstraße, eine Tatsache, die in dem "gitarrenlastigen" Altona allein schon für das nötige Feedback sorgt.

Gitarren aller Art mit Schwerpunkt Western- und E-Gitarren werden in dem kleinen Laden mit der markanten Wendeltreppe feilgeboten, dazu kommt eine schöne Auswahl an Vintage-Gitarren für Sammler und Nostalgiker. Ergänzt wird das Angebot durch Amps und Zubehör, Wartung und Reparatur der Instrumente gehören zum selbstverständlichen Service. Amateurbands aus den in dieser Gegend zahlreich vorhandenen Übungsbunkern gehören ebenso zum Kundenstamm wie professionelle Musiker aus Hamburg und dem Umland. Die Atmosphäre ist locker und Inhaber Claus Waernecke ein ebenso freundlicher wie kompetenter Berater für alle Belange zwischen hoher und tiefer E-Saite.

GUITAR SHOP · Holstenstraße 114 · 22767 Hamburg
Tel. 38 27 19 · Fax 380 50 45
www.guitar-shop-hamburg.de

GUITAR VILLAGE

Praktisch eine komplette Rockband bedient im kaum mehr als wohnzimmergroßen Guitar Village in der Talstraße. Alex Heyer und seine Mitstreiter Thomas Meyer, Drazen Jasic sowie Sebastian Klapcia sind selbst Musiker genug, um zu wissen, was sie ihren Leuten schuldig sind.

Von der originalen Gretsch aus Zeiten, als John Lennon seine ersten Akkorde lernte, bis zum kompletten Schlagzeug finden hier Jazzer und Rockmusiker alles, was sie zu ihrem Handwerk benötigen. Die unmittelbare Nähe der Clubs wie auch der rotlichternen Etablissements sorgt dafür, dass in das Guitar Village auch schon mal unausgeschlafene Typen hineinstolpern, die sich nach dem zweiten Hinsehen als Jon Bon Jovi oder Bryan Adams entpuppen. Die lockere, entspannte Atmosphäre gehört zum Image genauso wie der Rundum-Service, der auch Reparaturen einschließt. Spezialität des Hauses sind die "Drajas"-E-Gitarren, die von Drazen (unter Kennern "Dr. Jas") Jasic höchstpersönlich kreiert und montiert werden. Zum Kultcharakter des Ladens gehört im Übrigen auch, dass Inhaber Alex Heyer unlängst den polizeilich gesuchten "Axtmörder" stellte. Der probt seitdem den Jailhouse-Rock – ob mit Equipment vom Guitar Village, ist allerdings eher fraglich.

GUITAR VILLAGE · Talstraße 34 · 20359 Hamburg
Tel. 319 54 50 · Fax 317 44 61 · www.guitar-village.de

MUSIK ROTTHOFF

"Es gab nur einen Laden. Das war Rotthoff." Das sagte Tony Sheridan in einem Rückblick auf die frühen 60er, als er in einer Band namens The Beatles klampfte, die gerade anfing, den Starclub aufzumischen. Und weil es im Nachhinein eben nicht irgendeine Combo war, die damals bei Musik Rotthoff ihre Gitarren, Verstärker und Saiten einkaufte, ist diese Aussage gleich mehrfach verbürgt.

Angefangen hat alles 1932 mit dem Konzertpianisten Otto Rotthoff, der in diesem Jahr ein Klaviergeschäft eröffnete. Zwischen 1940 und 1980 in der Schanzenstraße zu Hause, zog "Junior" Claus Rotthoff 1980 in den Neuen Pferdemarkt. Aus dem Musikalienhandel war inzwischen ein Fachgeschäft für Rockmusiker und Bands geworden, das durch die vielen Kontakte Claus Rotthoffs zu diversen Stars der Szene (die nicht selten gleich nebenan im Hotel Pacific nächtigten) längst mehr als ein Geheimtipp war. Auf den ersten Blick eher unscheinbar, steckt das Besondere von Musik Rotthoff in der großen Auswahl an Gitarren-Raritäten und im "normalen" Handel nicht mehr lieferbarem Zubehör von der antiquierten Mikrophonkapsel bis zum (original verpackten!) Wah-Wah-Pedal aus Jimi-Hendrix' Zeiten. Daneben

Claus Rotthoff mit einer 62er Telecaster

bietet der Laden eine breite Auswahl an Blasinstrumenten, mit denen eine Reihe von Schulen in Hamburg beliefert werden. Der Ankauf gebrauchter Instrumente, Reparatur und die Recherche nach exotischen Ersatzteilen gehören zum Service, ebenso wie der Verleih von Disco-Anlagen.

MUSIK ROTTHOFF
Neuer Pferdemarkt 30-31 · 20359 Hamburg
Tel./Fax 430 09 96

SCHALLOCH

Das Mekka nicht nur Hamburger Folkgitarristen ist das Schalloch im Karolinenviertel. Seit der Eröffnung 1976 wurde das Sortiment kontinuierlich erweitert. Inzwischen ist das Schalloch Deutschlands führendes Fachgeschäft für akustische Saiteninstrumente mit einem eigenen, bundesweit vertriebenen Katalog. Über 1.000 Western-, Konzert-, Jazz- und E-Gitarren zwischen 250 und 25.000 Mark stehen zur Auswahl, darunter so manche Rarität, die Inhaber Christoph Scheffler während seiner regelmäßigen USA-Törns aufgestöbert hat. Das "Bassment" hält 150 akustische und E-Bässe bereit, ferner gibt es eine separate Abteilung mit Folkloreinstrumenten aus aller Welt. Das größte Percussion-Angebot der Stadt, jedes nur erdenkliche Zubehör und eine umfangreiche Notenbibliothek machen das "Folk-Paradies" (Katalogtitel) perfekt. Dass die Schalloch-Mitarbeiter in der Lage sind, die Qualitäten der Instrumente auch spielerisch hervorzuheben, beweisen sie u. a. bei den gelegentlich stattfindenden Hauskonzerten als Begleitmusiker internationaler Folkgrößen. Die Beratung ist entspre-

chend kompetent, aber lobenswert unaufdringlich. Kaufinteressier-
te finden in den insgesamt sieben Räumen genügend Gelegenheit
zum ungestörten Antesten. Die zum Schalloch gehörende Gitarren-
Reparaturwerkstatt Bemmer & Richter leimt selbst restlos zer-
trümmerte Instrumente wieder zusammen und wird gerne auch
von gerade in Hamburg gastierenden Bands als "Notklinik" in
Anspruch genommen.

SCHALLOCH · **Karolinenstraße 4-5** · **20357 Hamburg**
Tel. 43 84 94 · **Fax 430 29 47**
www.schalloch.de · **www.folk-paradise.de**

WICHMANN GITARRENBAU

Etwa 4.000 Mark muss man hinblättern, um eine Wichmann-Gitar-
re sein Eigen zu nennen. Als Gegenwert erhält man ein nach persönlichen Wünschen maßgeschneidertes Instrument, das man so
schnell nicht wieder aus der Hand legt, geschweige denn gibt.
Logisch, dass die Kundschaft von Michael Wichmann sich primär
aus Musikstudenten und professionellen Musikern rekrutiert, und
zwar aus der Klassik- und Flamenco-Szene, denn am Zimmern
von Western- oder E-Klampfen hat der Gitarrenbauer noch kein
Interesse gezeigt. Eine Besonderheit sind die von ihm entwickelten,
mit einer eingebauten Membran sich selbst elektrisch verstärken-
den Konzertgitarren, eine Idee, die unter vielen von der geringen
Lautstärke ihres Instrumentes frustrierten Gitarristen für ein be-
geistertes Echo gesorgt hat und demnächst wohl patentiert wird.
Bemerkenswert ist, dass der ehemalige Maschinenbauer und Fein-
mechaniker sich das Handwerk selbst beigebracht hat, wobei die
10 Jahre Aufenthalt in Südspanien ihre hörbaren Spuren hinterlassen haben. Etwa 25 Instrumente pro Jahr verlassen die kleine
Werkstatt an der Bundesstraße. Mehr ist neben Reparatur und
Service nach eigenem Bekunden nicht drin, zumal Michael Wich-
manns Lebensphilosophie auch von südlichem Fernweh determi-
niert ist. In seinem Notizbuch finden sich im Übrigen die Adressen
aller namhaften Flamenco-Gitarristen der Stadt, wie überhaupt
der gebürtige Hamburger in der hiesigen Musik-Szene eine feste
Größe ist.

WICHMANN GITARRENBAU · **Bundesstraße 21**
20146 Hamburg · **Tel. 44 49 92** · **Fax 45 03 54 89**

KLAVIERE & TASTENINSTRUMENTE

Hochkultur pur: Wo Klaviere und Orgeln ertönen, sind die großen Meister nicht weit. Ob Bach oder Beethoven, Glenn Gould oder Keith Jarrett – Virtuosen konnten und können sich auf den schwarzen und weißen Tasten bestens austoben. Hamburg kann sich obendrein mit einer Reihe namhafter Klavierbauer und Klavierhändler rühmen.

In Claus Brusch's Akkordeon-Museum haben Liebhaber dieser Instrumente sogar schon übernachtet

AKKORDEON CENTRUM BRUSCH

Ziemlich versteckt, und zwar mitten in einem vorstädtisch-idyllischen Wohngebiet in Norderstedt, findet sich das Akkordeon Centrum Brusch, mit über 1.000 Instrumenten Deutschlands größter Fachhandel für Harmonikas. Claus Brusch und der Diplom-Musiklehrer Henning Schober betreuen hier ein wahres Paradies an allem, was Knöpfe und Balgen hat, vom Einsteigermodell für den häuslichen Spieler bis zum Profi-Instrument für den Konzertmusiker. Mindestens ebenso beeindruckend wie der Anblick der unzähligen Instrumente ist das Fachwissen von Claus Brusch, den man mit Fug und Recht als lebendes Harmonika-Lexikon bezeichnen kann. Gerne setzt er sich auch mit landläufigen Vorurteilen über die viel zitierte "Quetsch-kommode" auseinander, und wenn dann auch noch Henning Schober mal eben eine mehrstimmige Bach-Fuge aus dem Ärmel schüttelt, ist das Thema endgültig erledigt. Der Service des eingetragenen Meisterbetriebes mit Fachwerkstatt umfasst neben der ausgewiesen kompetenten und freundlichen Beratung Reparaturen aller Art. Im Angebot stehen außerdem Gebraucht-Instrumente mit Garantie, Piano- und Knopf-Converter, Bajane und – auch das gibt's inzwischen – vorführbereite elektronische Akkordeons. Parallel zum Verkauf beherbergt das Akkordeon Centrum Brusch im Obergeschoss eines der originellsten Museen der Stadt. Mit annähernd 150 historischen Instrumenten von der ersten Hälfte

des 19. Jahrhunderts bis zum Zweiten Weltkrieg ist die Sammlung des Harmonika-Museums Objekt der Begierde für Sammler
und Experten (telefonische Voranmeldung nötig!). Es soll sogar
schon vorgekommen sein, dass ein Besucher in dem kaum zehn
Quadratmeter großen Raum seine Luftmatratze ausgebreitet und
eine recht schlaflose Nacht darin verbracht hat.

AKKORDEON CENTRUM BRUSCH
Scharpenmoor 86 · 22848 Norderstedt
Tel. 523 95 26 · Fax 523 46 52

HEINZ HOFFMANN ORGELBAU

"Seit ich als Orgelbauer anfing, hatte ich keinen Tag ohne Arbeit
und keinen Tag ohne Freude an der Arbeit. Trotzdem: In meinem
nächsten Leben möchte ich Geigenbauer werden!" Das Hamburger Arbeitsamt war es, das für Heinz Hoffmann die beruflichen Weichen stellte: "Ich komme aus einer Handwerkerfamilie,
und das Einzige, was mir der Berufsberater Anfang der 50er Jahre
anbot, waren Lehrstellen als Klavier- oder Orgelbaugeselle." Heinz
Hoffmann entschied sich für Letzteres und ist seit Jahrzehnten
nicht nur einer der gefragtesten Orgelbauer Norddeutschlands
geworden, sondern nimmt darüber hinaus leitende Aufgaben in
der Instrumentenbauer-Innung wahr. Auch sonst hat der gebürtige Hamburger (Jahrgang 1935) seine Berufsentscheidung nicht
bereut: "In den über 40 Jahren meiner Tätigkeit ist nicht ein Tag
ohne Arbeit und ohne Freude an der Arbeit gewesen." Nach drei
weniger glücklichen und daran anschließend drei umso glückliche-
ren Lehrjahren bei der Orgelbau-Firma Beckerath arbeitete Heinz
Hoffmann als Geselle in der kleinen Orgelbau-Werkstatt von Frank
Grollmann, die er dann 1977 – inzwischen als Orgelbaumeister –
übernahm. Viele Orgelbauer und Orgelbauerinnen wurden hier
seitdem ausgebildet, zurzeit arbeiten in der Stellinger Werkstatt
ein Meistergeselle, ein Geselle sowie zwei Lehrlinge. Pro Jahr wird
hier eine Orgel gebaut, etwa 80 Prozent der Aufträge machen
Reparaturen an Kirchenorgeln in Norddeutschland aus. Speziell
im Reparaturbereich wird es auch in Zukunft noch Arbeit genug
für Orgelbauer geben, Berufseinsteiger sollten sich jedoch im
Klaren sein, dass sie mit den handwerklichen Fertigkeiten eines
Orgelbauers in anderen Berufen wesentlich mehr Geld verdienen

würden. Wie eigentlich bei allen Instrumentenbauern handelt es sich speziell hier um echte Enthusiasten, deren eigentliche Belohnung es ist, wenn einer alten, längst verstummten Orgel nach wochenlanger Arbeit wieder Leben eingehaucht wird. "Das sind die Höhepunkte meines Berufs", sagt Heinz Hoffmann, der in seinem nächsten Leben allerdings Geigenbauer werden will. Als "ehrenamtlicher Oberlehrling" der Hamburger Kollegen aus dem Streichinstrumentenlager hat er das Fundament dafür bereits gelegt.

HEINZ HOFFMANN ORGELBAU
Ottensener Str. 14b · 22525 Hamburg
Tel. 54 39 04 · Fax 54 60 33

KLAVIER KNAUER

Klavier Knauer – hinter diesem Namen steht eine deutsch-amerikanische Geschichte, die 1954 anfängt. Damals wanderte der Wandsbeker Peter Knauer zunächst nach Kanada, später dann in die USA aus, arbeitete dort als Klavierstimmer und komponierte nebenbei mit "Montreal" einen (ersten) Hit, dem später noch andere folgen sollten. Die Liebe zum Klavier führte Peter Knauer zurück in seine Heimatstadt. Mit seinem in Toronto geborenen Sohn Jed Knauer eröffnete er 1987 in der Ottensener Barnerstraße einen Klavierladen, in dem gebrauchte und restaurierte amerikanische, so genannte "Auswanderer"-Klaviere aus der Zeit zwischen 1900 und 1930 angeboten wurden.
Seit 1992 hat Klavier Knauer seinen Standort in der Holstenstraße. Jed Knauer, der das Geschäft nach dem Tode seines Vaters 1998 allein weiterführt, setzt nach wie vor auf qualitativ hochwertige, aber preisgünstige Gebrauchtinstrumente, zusätzlich wurde das Angebot um Neuinstrumente erweitert. Spezialität des Hauses ist die Stummschaltung von akustischen Klavieren aller Art bei gleichzeitigem Einbau einer digitalen Midi-Leiste zur elektrischen Abnahme der einzelnen Tasten und damit der nachbarfreundlichen Wiedergabe über Kopfhörer. Klaviertransporte und der auch tageweise Verleih von Klavieren gehören zum Service dieses einen Hauch von Nostalgie verbreitenden Geschäftes.

KLAVIER KNAUER
Holstenstraße 167 · 22765 Hamburg
Tel. 430 30 22 · Fax 430 23 25 · www.klavierknauer.de

KNITTEL KLAVIERBAU

Einen hervorragenden Ruf als Klavierbauer weit über Hamburg hinaus genießt Günter Knittel, dessen handwerkliche Leistungen regelmäßig auch in den Ausstellungen der Musikinstrumentenbauer-Innung zu begutachten sind. Seit 1990 in Niendorf ansässig, ist die Firma Knittel Klavierbau nunmehr in der vierten Generation mit der Welt der weißen und schwarzen Tasten verbunden. Angefangen hat alles mit "Opa" Emil Knittel in Altona, der neben Möbeln auch mit Klavieren gehandelt hat und dessen Sohn das Geschäft später in der Kleinen Reichenstraße weiterführte. Hier ging Günter Knittel bei seinem väterlichen Freund und Klavierbaumeister Albert Nicolai in die Lehre und wurde von diesem in die Geheimnisse beim Bau und der Reparatur des aus bis zu 12.000 Einzelteilen bestehenden Instrumentes eingeführt. Tochter Sabine, Klavierbauerin und verheiratet mit dem Klavierbauer Ludger Linz, setzt die Tradition des Familienbetriebs fort, in dem Mutter Ellen Knittel als Buchhalterin und Seele des Hauses im Krähenweg fungiert, unter dessen Dach sich Werkstatt, Verkaufs- und Wohnräume vereinigen.
Von der kleinen Reparatur bis zur Generalüberholung gehört das Aufarbeiten alter Klaviere und Flügel zum Schwerpunkt des Betriebes, in dessen Ausstellungsraum auch eine kleine Anzahl neuer Instrumente zum Verkauf angeboten wird. Zu den "Stammkunden" von Günter Knittel, der auch als Gutachter der Innung arbeitet, zählt der NDR ebenso wie zahlreiche Musikschulen oder das Schauspielhaus.

KNITTEL KLAVIERBAU · Krähenweg 3a · 22459 Hamburg
Tel. 551 90 69 · Fax 555 29 22

PIANOHAUS HAMANN

Bereits 1906 von John Hamann gegründet und nach dem Zweiten Weltkrieg von dessen Sohn Günther wieder eröffnet, befand sich das Pianohaus Hamann 45 Jahre lang an der Hoheluftbrücke. Seit September 1998 wurde im angrenzenden Winterhude ein neuer Standort mit fünfmal so großer Ausstellungsfläche gefunden.
Für Knut Hamann, der das Pianohaus Hamann seit 1966 in dritter Generation führt, war der Umzug mehr als nur ein Tapetenwechsel. Mit über 150 Klavieren und Flügeln vom gebrauchten Einsteigermodell über Digitalpianos bis zum größten Konzertflügel

der Welt, einem "Bösendorfer Imperial" zum Preis einer Eigentumswohnung bietet das Pianohaus Hamann eine deutlich breitere Angebotspalette als zu Eppendorfer Zeiten. Knut Hamann, selbst gelernter Klavierbauer, der seine Lehre mit Auszeichnung als Hamburger Landessieger abgeschlossen hatte, kann in den neuen Räumlichkeiten auch seine "Schätze" präsentieren, wie die liebevoll restaurierten Klaviere aus der Jugendstil- und Gründerzeit.

Mietkauf, Stummschaltungen akustischer Klaviere und Reparaturen in der eigenen Werkstatt, vor allem aber eine eingehende Beratung gehören zum Service des Geschäftes in der Dorotheenstraße. Letztere wird allerdings immer seltener in Anspruch genommen, was von Knut Hamann nicht nur aus wirtschaftlichen Gründen bedauert wird. "Früher haben sich die Kunden wesentlich mehr Zeit mit der Kaufentscheidung gelassen, verglichen und nach reiflicher Überlegung häufiger auch zum anspruchsvolleren Instrument tendiert. Heute habe ich manchmal den Eindruck, als ob die Leute am liebsten ein Instrument von der Stange hätten. Und die führe ich nun einmal nicht."

PIANOHAUS HAMANN
Dorotheenstraße 116-118 · 22301 Hamburg
Tel. 420 22 11 · Fax 420 22 15

PIANOHAUS TRÜBGER

Als sich anno 1872 Friedrich Reinhold Trübger in Hamburg als "Instrumentenmacher und Clavierstimmer" selbständig machte, gehörte Altona noch zu Pinneberg und Johannes Brahms grübelte fern seiner Geburtsstadt im habsburgischen Wien an seiner Ersten Sinfonie. Fast 130 Jahre später hat sich politisch und musikalisch so manches verändert, anderes hat Bestand gehabt. So auch das Pianohaus Trübger, das inzwischen in der dritten und vierten Generation von Friedrich Reinhold Trübger III. und Tochter Yvonne Trübger geleitet wird, und dies seit 1906 am heutigen Standort an der Schanzenstraße.

Eine große Auswahl akustischer Klaviere und Flügel sowie digitale Vertreter der Gattung erwarten den Besucher, wobei allein schon das von außen einsehbare Ambiente in dem Quartier rund um den Schanzenbahnhof für Kontraste sorgt. Die Geschäftsräume

beherbergen neben den auf mehrere Ebenen verteilten Verkaufs-
räumen, in denen es auch so manches historische Instrument zu
entdecken gilt, einen Konzertsaal für hauseigene und Privatkon-
zerte sowie eine Fachwerkstatt, in der fünf Meister für den Service-
bereich von Reparaturen bis Restaurationen zuständig sind. Eine
unter Studenten gern frequentierte Übungskabine (pro Stunde
fünf Mark) sowie die halbjährlich erscheinende Hauszeitschrift
runden das Angebot ab. Juniorchefin Yvonne Trübger legt Wert
darauf, dass das Pianohaus Trübger auch in Zukunft nicht nur als
Verkaufs- und Service-Centrum, sondern als Ort der Musik einen
Namen hat. Das Engagement bei "Jugend musiziert" ist dafür nur
eines von vielen Beispielen, mit denen das Traditionshaus diesem
Anspruch gerecht wird.

PIANOHAUS TRÜBGER · Schanzenstraße 117
20357 Hamburg · Tel. 43 70 15 · Fax 430 19 93
www.pianohaus-truebger.de

STEINWAY-HAUS

Einer der schillerndsten und traditionsreichsten Namen im Hamburger Instrumentenbau und -handel ist Steinway & Sons.
Das 1953 eröffnete Steinway-Haus in den Colonnaden repräsen-
tiert dabei nur ein Datum in einer inzwischen eineinhalb Jahrhun-
derte während Firmengeschichte, die 1836 mit dem ersten,
vom Seesener Tischlermeister und Klavierbauer Heinrich Engel-
hard Steinweg gebauten Instrument begann.
1850 in die Vereinigten Staaten ausgewandert, gründete der
gebürtige Seesener als Henry E. Steinway im Jahre 1853 in New
York das Unternehmen Steinway & Sons. 1880 wurde in der
Schanzenstraße die erste Hamburger Steinway-Fabrik gegründet,
1904 am Jungfernstieg entsprechende Verkaufsräume eröffnet.
In den "Goldenen Zwanzigern" wurde die Produktionsstätte in
den heute noch aktuellen Standort am Rondenbarg 10 verlagert.
Rund 1.200 Instrumente werden zurzeit pro Jahr von den 270 in
der Produktion beschäftigten Mitarbeitern gefertigt. Zusammen
mit der New Yorker Fabrik wurden seit 1853 weit über eine halbe
Million "Steinways" auf dem Weltmarkt verkauft.
Neben dem Verkauf von Klavieren und Flügeln bis vor wenigen
Jahren noch ein Vollsortimentgeschäft, hat sich das Hamburger

Steinway-Haus seit einigen Jahren auf den Noten-, Literatur-, Software und Zubehörbereich konzentriert. So findet sich im Untergeschoss das mit über 50.000 Titeln größte Notensortiment in Norddeutschland. Der Bestand an Musikbüchern lässt gleichfalls kaum Wünsche offen, und wenn, werden diese per Bestellung erfüllt. Unter dem Motto "Fordern, um zu fördern" finden alljährlich die Internationalen Steinway-Klavier-Wettbewerbe statt, in denen junge Talente die Fachwelt auf sich aufmerksam machen können. Teilnehmen können Klavierspieler und -spielerinnen bis 17 Jahre, wobei es neben Geld- und Sonderpreisen vor allem jede Menge Renommee für die zukünftige Karriere zu gewinnen gibt.

STEINWAY-HAUS HAMBURG
Colonnaden 29 · 20354 Hamburg · Tel. 34 91 72 25

RUDOLF VON BECKERATH ORGELBAU

Auf weltweit über 300 Orgeln in Kirchen, Konzertsälen und Musikhochschulen kann die 1949 in Hamburg gegründete und heute in Wandsbek ansässige Firma Rudolf von Beckerath Orgelbau zurückblicken.

Rudolf von Beckerath, 1907 in München geboren, erlernte den Orgelbau unter anderem in Frankreich. 1936 kehrte er nach Deutschland zurück und wurde Sachberater für Orgelbau in Hamburg. In diese Zeit fällt auch der unter seiner Leitung durchgeführte Bau der Orgel der Othmarschener Christuskirche. Nach dem Krieg und nachgeholter Meisterprüfung gründete Rudolf von Beckerath 1949 in Hamburg eine eigene Firma. Gleich der erste Auftrag erregte Aufsehen, handelte es sich doch um die 1951 fertig gestellte große Orgel für die Hamburger Musikhalle mit 59 Registern, vier Manualen, Schleifladen und mechanischer Spieltraktur. Von Beckeraths Bestreben war es, möglichst viel selbst herzustellen. So wurden von den anfangs sechs Mitarbeitern die Rohrwerke in eigener Produktion gefertigt, 1956 wurde zusätzlich eine Pfeifenwerkstatt eingerichtet.

Internationale Bedeutung errang die Firma 1957 mit dem Bau einer vier-manualigen, rein mechanischen Orgel für Cleveland, was für die Amerikaner ein absolutes Novum darstellte. 1960 folgte eine fünf-manualige Orgel mit 78 Registern für Montreal, das bislang größte Instrument der Hamburger Orgelbauer. Heute stehen Beckerath-Orgeln in vielen Ländern, außer den USA und Kanada in Kroatien (Dubrovnik), Südafrika (Kapstadt), Japan (Kyoto, Tokyo und andere), Indien (Bombay), Polen (Nowa Huta) und Russland.

Seit dem Tod des Firmengründers im Jahre 1976 wurde der Betrieb von seinen engsten Mitarbeitern, darunter lange Jahre dem von Beckerath-Schüler und Orgelbaumeister Timm Sckopp weitergeführt. Die Geschäftsleitung liegt inzwischen in den Händen des Orgelbauers Rolf Miehl und des Kaufmanns Holger Redlich.

RUDOLF VON BECKERATH ORGELBAU GMBH
Rahlau 95 · 22045 Hamburg
Tel. 66 99 38 0 · Fax 66 99 38 33 · www.beckerath.com

... weitere gute Adressen:

ACCORDEON-SPECIAL SCHNEIDER
Heisterkamp 16 · 22339 Hamburg · Tel. 538 40 44 · Verkauf & Reparatur

BRÜCKNER ELEKTRONIC SERVICE
Diekkamp 5 · 22359 Hamburg · Tel. 603 27 03
Reparatur Orgel, Keyboard, Verstärker

ACHIM FRANZ
Stresemannstraße 375 · 22761 Hamburg · Tel. 39 56 94 · Klaviere und Flügel

OLIVER GRIEM KLAVIERBAUMEISTER
Schanzenstraße 117 · 20357 Hamburg · Tel. 711 39 97

KLAVIER MAGAZIN
Schulweg 31-33 · 20259 Hamburg · Tel. 40 55 22

KLAVIERSTUDIO WINNITZKY
Klosterwall 9-21 · 20095 Hamburg · Tel. 33 54 53

MASCHER & WEYMAR Cembalo- & Fortepianobaumeister
Alter Teichweg 55b · 22049 Hamburg · Tel./Fax 691 71 10

HANS GEORG MÜLLER Klavierbaumeister
Blöckhorn 8 · 22393 Hamburg · Tel. 601 18 80

ORGEL TECHNIK NORD
Marshallweg 6 · 22111 Hamburg · Tel. 650 19 00
Reparaturservice für elektr. Musikinstrumente

PIANOSTUDIO EPPENDORF
Eppendorfer Weg 257 · 20251 Hamburg · Tel. 420 77 75

PUTTFARKEN-PIANOS
Wientapperweg 13 · 22589 Hamburg · Tel. 87 44 80

RÜTHER KLAVIERE UND FLÜGEL
Große Rainstraße 9-11 · 22765 Hamburg · Tel. 390 28 29

SAMREI W. MUSIKINSTRUMENTE
Sülldorfer Landstraße 210 · 22589 Hamburg · Tel. 87 67 51

KLAUS D. SCHLICK
Segeberger Chaussee 161 · 22851 Norderstedt · Tel. 529 21 22
Orgeln, Keyboards, Digital-Pianos

KLAVIERTRANSPORTE

KARL EGGERS GMBH
Tegetthoffstraße 8 · 20259 Hamburg · Tel. 490 48 08

KLAVIERTRANSPORTE ROBERT EVERS
Klaus-Groth-Straße 23 · 20535 Hamburg · Tel. 250 33 58

RIVERO KLAVIER- UND FLÜGELTRANSPORTE
Schnackenburgallee 47-51 · 22525 Hamburg · Tel. 39 90 16 10

MUSIKANTIQUARIATE

MUSIK- / THEATER-ANTIQUARIAT
Inh. M. Ehm
Schulterblatt 66 · 20357 Hamburg
Tel. 43 48 28 · Fax 430 25 40

MUSIKALIEN-WAGNER
Große Theaterstr. 43
20354 Hamburg
Tel. 35 25 90 · Fax 35 38 96

STREICHINSTRUMENTE

Das Sinnbild für klangliche Anmut und als Instrument der menschlichen Stimme am nähesten kommend – die Geige genießt unter den Instrumenten nach wie vor eine Sonderstellung, auch was das Preis/Masse-Verhältnis betrifft. Es ist eben nicht so einfach, aus einem Stück Holz etwas zu schaffen, dass angeblich die Engel betört (bisweilen aber auch den Nachbarn nervt). Die Hamburger Geigenbauer haben in dieser Beziehung allerdings den Bogen raus.

BIEN KONTRABÄSSE

"Das Schwierigste am Kontrabass ist nicht das Spielen, sondern der Transport." Das Zitat stammt von dem österreichischen Kontrabassisten Ludwig Streicher, einem der berühmtesten Virtuosen auf diesem Instrument. Für den Kontrabassbauer Jochen Bien stellt sich das Problem so dar: "Irgendwann stößt jeder Kontrabassist mit seinem Instrument irgendwo dagegen."

Arbeit genug für den Ein-Mann-Betrieb in der Blankeneser Frahmstraße, in dem der gelernte Geigenbauer seit 1996 die voluminösen Streichinstrumente repariert, restauriert, baut und natürlich auch verkauft. Unter den Kollegen aus dem Violinen- oder Cellobereich wird die Arbeit am Kontrabass zwar gelegentlich als "Handwerk fürs Grobe" belächelt, Jochen Bien, der auch als Sachverständiger unterwegs ist, sieht's gleichwohl gelassen: "Beim Kontrabass gibt es keine Normierungen wie etwa bei der Geige. Die Reparatur wie der Neubau erfordert daher mindestens ebenso langjährige praktische Erfahrungen wie bei den übrigen Streichinstrumenten." Auch hier gilt: Instrumentenbau ist Vertrauenssache, und dieses genießt der Familienvater auch bei Musikern aus dem europäischen Ausland, die ihre Instrumente in zum Teil abenteuerlich anmutenden Monsterkoffern nach Blankenese verschicken.

Der Verdacht übrigens, dass der Kontrabass zu den eher selten gespielten Instrumenten gehört, verflüchtigt sich, wenn man die klassischen Orchester und Jazz-Ensembles berücksichtigt, in denen das Instrument zum guten Ton gehört. Und man muss auch nicht unbedingt Gardemaß haben, um es zu spielen. Der Kontrabass erfreut sich speziell unter Musikerinnen zunehmender

Beliebtheit. Jochen Bien, der früher selbst professionell als Bassist in einer Pop-Gruppe gespielt hat, freut sich über diese spezielle Art der Emanzipation. Nur mit dem Transport, da haben es die Frauen halt immer noch schwerer.

BIEN KONTRABÄSSE
Frahmstraße 15 · 22587 Hamburg
Tel. 86 99 18 · Fax 866 45 017

CELLO & CO

Mitten in der "Instrumentenmeile" zwischen Campus und Heiligengeistfeld ist Cello & Co beheimatet. 1991 eröffnete Geigenbauer Carsten Friese den von außen eher unscheinbar wirkenden Laden in der Rentzelstraße 13, der sich seitdem zu einer der ersten Adressen für Streichinstrumente entwickelte. Vom Schüler- bis zum Meisterinstrument stehen hier neben ca. 30 Celli von 2.500 bis 50.000 Mark auch hochwertige Violinen, Bratschen und Kontrabässe nebst hochwertigen Bögen zur Auswahl. Ergänzt wird das Programm von preisgünstigen Konzertgitarren, Blockflöten und einem großen Angebot an Zubehör (speziell Tonabnehmer) sowie Noten.

Wer sein Instrument nicht gleich kaufen und lieber erst einmal in Ruhe ausprobieren möchte, der hat die Möglichkeit des Mietkaufs. Bis zu vier Monaten kann das Instrument bei Monatsmieten von 20 Mark für eine Gitarre, 40 Mark für eine Geige oder 100 Mark für ein Cello "geleast" werden, wobei die Raten beim Kauf angerechnet werden. Eine Versicherung für die Dauer der Mietzeit ist in dem Betrag enthalten. Zum guten Ton für ein Fachgeschäft dieser Kategorie gehört der Reparaturservice in der eigenen Werkstatt, in der beschädigte Instrumente nach alter Tradition restauriert werden. Zum Team gehören neben Carsten Friese die Geigenlehrerin Gesa Beckmann sowie der ausgebildete Musikalienhändler Eggert Inselmann. Neben vielen norddeutschen Musikern und Studenten aus der klassischen und Crossover-Szene gehören staatliche und private Musikschulen zum festen Kundenstamm von Cello & Co.

CELLO & CO.
Rentzelstraße 13 · 20146 Hamburg
Tel./Fax: 410 59 62 · www.celloundco.de

REINHARD FISCHER, GEIGENBAUMEISTER

In der Altbauwohnung liegt der würzige Geruch von Holz und Lacken. Durch eine geschlossene Tür dringt das Thema zu Sibelius' Violinkonzert. Die Melodie verbindet sich mit dem

Für Reinhard Fischer wurde das Hobby seines Vaters zur Berufung

schabenden Geräusch aus der Werkstatt, in der am Steg einer Barockgeige gearbeitet wird. Das alles wirkt wie ein sinnliches Stillleben, das das Warten auf den Meister recht kurzweilig macht. 1976 hat der mit einer Goldmedaille der Handwerkskammer München ausgezeichnete Geigenbaumeister Reinhard Fischer seine Werkstatt im Herzen Eimsbüttels eröffnet. Das Arbeitsgebiet war von Anfang an breit gefächert. Der Handel mit Streichinstrumenten und Bögen ist dabei nur ein Bereich, ein anderer ist das Reparieren der häufig sehr wertvollen Instrumente. Eine intensive Beschäftigung mit alten Arbeitstechniken und die Zusammenarbeit mit Museen erfordert das Restaurieren alter Instrumente aus dem Barock oder der Renaissance. Der Bereich, der Reinhard Fischer wohl am meisten am Herzen liegt und dem er sich in Zukunft wieder verstärkt widmen will, ist der Neubau moderner und historischer Streichinstrumente mit dem dazugehörenden Bogen. Der Ruf, den Reinhard Fischer als Geigenbaumeister genießt, strahlt weit über Hamburg hinaus. Viele, auch Hamburger Geigenbauer, haben bei ihm als Gesellen gearbeitet. Als Mitglied der Musikinstrumentenbauer-Innung Hamburg und im Meisterprüfungsausschuss der Handwerkskammer, zusätzlich als Jurymitglied bei regionalen und internationalen Geigenbauwettbewerben, wird er auch von den Meistern aus den anderen Instrumentengattungen geschätzt.

REINHARD FISCHER, Geigenbaumeister
Tresckowstraße 47 · 20259 Hamburg · Tel. 491 35 31

ANDREAS HAMPEL & SUSANNE RIEBESEHL GEIGENBAUMEISTER

Konzept, Erfahrungen und handwerkliches Können sind auch für einen Stradivari Grundvoraussetzungen des Geigenbaus gewesen. Andreas Hampel und Susanne Riebesehl setzen diese Tradition, die in Hamburg mit dem Instrumentenbauer Joachim Tielke (1641-1719) ihren Anfang genommen hat, im doppelten Sinne fort. Ihre Geigen, die sie seit nunmehr sieben Jahren in ihrer Ottensener Werkstatt anfertigen, sind Kopien alter Meisterinstrumente, wobei das Wort "Kopie" für einen Geigenbaumeister keinesfalls einen despektierlichen Klang hat, sondern als kreative handwerkliche wie fachliche Herausforderung zu verstehen ist. Andreas Hampel und Susanne Riebesehl – beide in Hamburg geboren, beide Geigenbaumeister und nicht nur mit ihrem Beruf, sondern auch miteinander verheiratet – schaffen mit ihrer Kunst neue Meisterwerke, die unter Musikern einen hervorragenden Ruf haben und bereits mehrfach prämiert wurden. Neben dem Neubau ist Andreas Hampel für die Reparatur, Susanne Riebesehl für die Restaurierung zuständig.

Das Holz für die Instrumente – für einen Instrumentenbauer der sprichwörtliche Augapfel – wird von Andreas Hampel übrigens persönlich zur Wintersonnenwende gefällt. In Italien natürlich. Nur in welchem Wald, das bleibt das Geheimnis des Meisters.

ANDREAS HAMPEL & SUSANNE RIEBESEHL, Geigenbaumeister
Bahrenfelder Str. 15 · 22765 Hamburg
Tel. 39 12 77 · Fax 399 025 90 · www.hampel-geigenbau.de

MATTHIAS TÖDTMANN, GEIGENBAUMEISTER

Für Geigenbaumeister Matthias Tödtmann, dessen Werkstatt und Laden im Pilatuspool nur einige hundert Meter von der Musikhalle entfernt liegen, ist die Geige eigentlich ein zu kleines Instrument – "einfach vom Gefühl her". Als Instrumentenbauer wie als Musiker bevorzugt er Celli, und der Neubau dieser Instrumente ist denn auch einer der Schwerpunkte seiner Tätigkeit. "Meine Kunden reichen vom Schüler über den ambitionierten Laien bis zum professionellen Musiker", sagt Matthias Tödtmann, der den Kontakt zu Musikern als wichtigen Bestandteil ebenso schätzt wie die rein handwerkliche Seite. Gelernt hat er bei dem Hamburger Geigenbaumeister Christian Brusse, die Gesellenjahre verbrachte er bei Hubert Schnoor sowie Willem Bauman in Den Haag. Seit 1986 ist er im Pilatuspool ansässig, zurzeit mit zwei Gesellen. Gut 350 Arbeitsstunden benötigt ein Cello, bis aus Holz und Leim und jeder Menge know-how ein bauchiger Körper entsteht, dessen dunkler Klang in der Klassik ebenso zur Geltung kommt wie im Jazz oder anspruchsvollen Pop. Zwei bis drei Instrumente pro Jahr baut Matthias Tödtmann, zum Teil nach Vorgaben professioneller Musiker, die für ihr Edel-Cello eine adäquate "Kopie" bestellen, zum Teil aber auch nach eigenen Vorstellungen, in denen sich die Kreativität und das handwerkliche Können des wahren Meisters widerspiegeln.

MATTHIAS TÖDTMANN, Geigenbaumeister
Pilatuspool 15 · 20355 Hamburg · Tel. 34 69 37

WINTERLING GEGR. 1890

Der kleine Junge gab sich hörbar Mühe mit seiner Geige, aber so richtig wollte das Instrument nicht klingen. Der Mutter gefiel es trotzdem, und sie reagierte ein wenig brüsk, als ein Mann, der die ganze Zeit über geduldig im Hintergrund zugehört hatte, höflich anfragte, ob er das Instrument – eine schlichte Manufakturgeige – kurz einspielen dürfte. "Darf der das denn?", fragte die Mutter den Inhaber. "Der darf

Johannes Günther mit einer Cremoneser Geige von 1680

das", lautete die Antwort. Dieser "der" war nämlich zufällig der weltberühmte Geiger Itzhak Perlman, der am Abend in der Musikhalle ein Konzert gab und bei dieser Gelegenheit Sohn und Mutter mit Freikarten beglückte.
Geigenbaumeister Johannes Günther weiß einiges zu erzählen. Etwa vier Fünftel der Kunden der 1890 von Georg Winterling (ursprünglich in der ABC-Straße) eröffneten Firma für den Neubau und Handel von Streichinstrumenten sind professionelle Musiker, darunter nicht wenige Virtuosen von Weltruf. Seit 1996 führt der gebürtige Marburger das 1912 an den Stephansplatz umgezogene Traditionsgeschäft, in dem er jahrelang als Geselle unter Günther Lugert gearbeitet hatte. Dessen Vater Anton Lugert sowie Anton Schreiber hatten 1921 die Nachfolge des Gründers angetreten und dem Namen Winterling in den Goldenen Zwanzigern zu internationalem Renommee verholfen. Seit den 70ern

konzentrierte sich die Firma auf den Handel und die Restauration mit bzw. von alten Streichinstrumenten. Neben wertvollen Meisterinstrumenten gehören die Vermietung und der Verkauf von Schülerinstrumenten zum Angebot. Für die Zukunft plant Johannes Günther, auch wieder im Neubau tätig zu werden.

WINTERLING gegr. 1890
Stephansplatz 2 · 20354 Hamburg · Tel. 35 29 04

... weitere gute Adressen:

KATHRIN HAHN GEIGENBAU
Ackermannstraße 25 · 22087 Hamburg · Tel. 22 69 60 48

YOSHIO MORINO, GEIGENBAUMEISTER
Bellmannstraße 23 · 22607 Hamburg · Tel. 890 54 86

SCHELLONG & OSANN GEIGENBAU
Parkallee 20 · 20144 Hamburg · Tel. 45 03 95 95

RALF SCHUMANN, GEIGENBAUMEISTER
Eulenstraße 47 · 22765 Hamburg · Tel. 390 22 09

STEFAN SIELAFF GEIGENBAU
Grasweg 1 · 22299 Hamburg · Tel. 46 96 14 61

ZUBEHÖR / TON- UND LICHTANLAGEN

Cases, Kabel, Laserbatterien und Nebelmaschinen: Für professionelle Live-Bands sind sicherer Transport und funktionierende Technik ebenso wichtig wie eine gestimmte Gitarre. Neben Amptown, Musik Markt & Co gibt es eine Reihe von Spezialgeschäften für Equipment nach Maß.

DON'T PANIC

Der Name als Programm: Sind Musiker angesichts demolierter Instrumente oder Anlagen auf dem Weg zwischen Übungsraum und Konzertbühne so manches Mal der Verzweiflung nahe, so bietet die Bergedorfer Case-Manufactur don't panic Abhilfe. Oleg von Cube, Anselm Rathjen und Michael Benkmann packen so ziemlich alles in ihre nach individuellen Wünschen angefertigten Transportbehälter, von der Triangel-Schatulle bis zum bombensicher eingepackten Konzertflügel. Mit dem know-how, das sich die gelernten Landschaftsgärtner, Kfz-Schlosser und Historiker im Laufe der letzten Jahre angeeignet haben, kommen die Aufträge längst nicht mehr nur aus dem Musik-, Beschallungs- und Lichtbereich. Gleich nebenan befinden sich mit Alex Roadlicht und laut & leise-Soundsysteme zwei Firmen, die gleichfalls nach dem Motto "Unmögliches gibt's nicht" professionelles Licht- und Beschallungsequipment für jeden Zweck parat haben, von der Hausparty bis zum Mega-Event – und das auch per Verleih. Dass die dazugehörenden Kisten von don't panic kommen, ist unter Freunden nur konsequent.

DON'T PANIC · **Racks u. Transportkoffer für Musiker**
Kurt-A.-Körber-Chaussee 73 · **21033 Hamburg**
Tel. 721 76 92 · **Fax 72 41 03 52**

TON- UND LICHTANLAGEN:

ALEX ROADLICHT - LICHTANLAGENVERLEIH
Kurt-A.-Körber-Chaussee 73 · 21033 Hamburg
Tel. 721 24 77 · Fax 721 38 73

BLUE NOISE TONSTUDIO UND ELEKTROAKUSTIK GMBH
Ton-, Licht- und Bühnentechnik, Fullservice, Verleih und Verkauf
Schnackenburgallee 215 · 22525 Hamburg · www.bluenoise.de

DEZENT BESCHALLUNGS GMBH **Tonanlagen**
Warnholtzstraße 4 · 22767 Hamburg · Tel. 38 61 02 22

FLASH POINT **Lichtanlagen**
Friedrich-Ebert-Damm 93g · 22047 Hamburg
Tel. 693 69 75 · Fax 693 86 62 · www.flash-point.de

HÖPER TON UND LICHT **Bühnentechnik**
Frohmestraße 59a · 22459 Hamburg
Tel. 559 37 39 · Fax 559 17 11

PARTY SOUND - TONANLAGENVERLEIH
Kurt-A.-Körber-Chaussee 73 · 21033 Hamburg
Tel. 724 78 55 · Fax 721 38 73 · www.partysound.de

TOPSPOT **Verleih, Verkauf, Installation von Ton-, Licht und Bühnenanlagen sowie Zubehör**
Sandstraße 18 · 22175 Hamburg · Tel. 643 28 09 · Fax 643 25 58
www.topspot.de

TOTEC SOUNDSERVICE **Tonanlagen**
Harkortstraße 123 · 22765 Hamburg · Tel. 43 25 44 22 · Fax 43 25 48 32

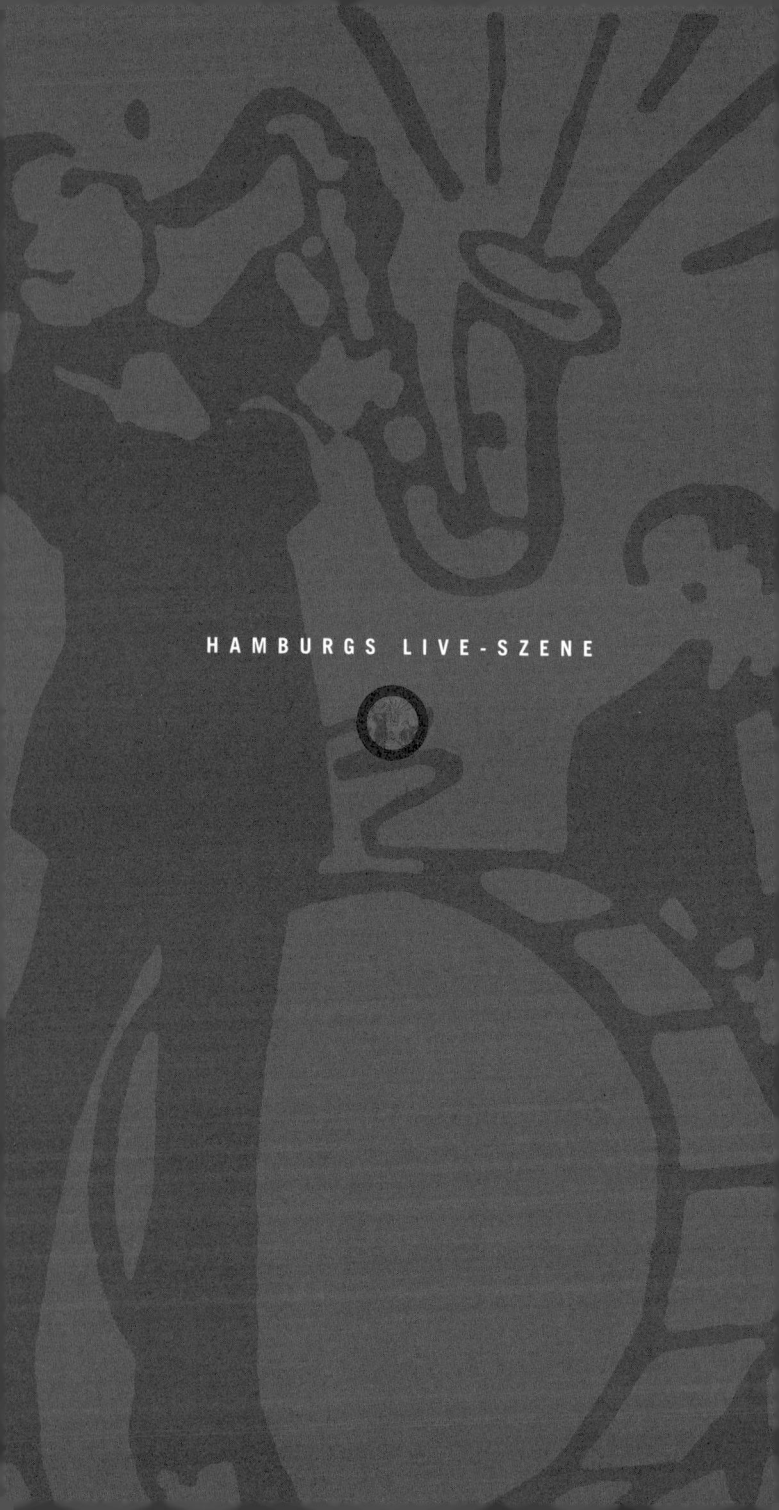

HAMBURGS LIVE-SZENE

HAMBURGS LIVE-SZENE

Die einen reden von Krise, die anderen bauen für ein einziges Musical ein eigenes Haus; manche werden subventioniert, andere leben nach dem Prinzip Hoffnung: Die Macher hinter der Hamburger Live-Szene sind nur schwer unter einen Hut zu bringen. Vielleicht ist das auch gut so, schließlich: Konkurrenz belebt das Geschäft. Das Hamburger Publikum braucht sich jedenfalls über mangelnde Auswahl nicht zu beklagen: Vom Insider-Konzert bis zum Musicalabend reicht die Palette der täglich hörbaren Alternativen.

DIE "GROSSEN" DER HAMBURGER KONZERTSZENE

Ein Blick hinter die Kulissen der Hamburger Musikszene kann natürlich nicht beginnen, ohne vorher die "großen" Häuser und Auftrittsorte zwischen musikalischer Hochkultur, Pop-Konzert und Musical betrachtet zu haben.

Was für die Mailänder die Scala, ist für die Hamburger ihre Oper, und beide Häuser haben neben anderem gemein, dass sie rein äußerlich betrachtet eher zum Understatement neigen. Dabei verbirgt sich hinter der 50er-Jahre-Fassade der Hamburgischen Staatsoper eine über 300 Jahre alte Tradition, in der sich das bürgerliche Selbstbewusstsein und die kaufmännische Gewandtheit der "Pfeffersäcke" widerspiegeln.

Als Holzschuppen 1678 zwischen Gänsemarkt und Jungfernstieg errichtet, war das "Opern Theatrum" das erste öffentliche Opernhaus in deutschen Landen und entwickelte sich zu einem führenden musikalischen Zentrum des Barockzeitalters. 1827 wurde am Platz der heutigen Staatsoper mit Beethovens "Egmont" das von Carl Friedrich Schinkel entworfene "Stadt-Theater" eingeweiht, in dem unter anderem Richard Wagner seinen "Rienzi" inszenierte und mit "Nabucco" erstmals eine Oper Verdis in Deutschland uraufgeführt wurde. Für eine künstlerische Blüte sorgte auch die sechsjährige musikalische Leitung des Hauses durch Gustav Mahler.

Nach den Zerstörungen des Zweiten Weltkrieges wurde die nach Plänen des Architekten Gerhard Weber neu gebaute Oper mit Mozarts "Zauberflöte" eröffnet. Prägend wirkte sich vor allem die 14-jährige Ära von Rolf Liebermann aus, dessen Engagement für zeitgenössische Musik sich unter der Leitung August Everdings in der Gründung der Opera Stabile fortsetzte. Everding war es auch, der John Neumeier nach Hamburg holte, dessen Ballettkompagnie bis heute zur internationalen Spitzenklasse zählt. Seit 1998 hat Ingo Metzmacher die Künstlerische Leitung inne.

Der zweite Hort der musikalischen Hochkultur ist die 1908 eröffnete Musikhalle am Johannes-Brahms-Platz. Von dem Hamburger Kaufmann und Reeder Carl Laeisz gestiftet, beherbergt der neobarocke Bau den großen Konzertsaal mit der gewaltigen Becke-

rath-Orgel sowie die Kleine
Musikhalle im oberen Be-
reich. Neben regelmäßigen
Konzerten mit den NDR-
sowie den Hamburger Sym-
phonikern hat die Musikhalle
auch immer wieder internationale Spitzenorchester zu
Gast. Die gute Akustik wird
gerne auch von Hochkarä-
tern aus der Jazz- und Pop-
Szene genutzt, die dann

Die Musikhalle ist Hamburgs konzertanter Klangkörper

ihrerseits nicht selten Leute in die Musikhalle locken, die diesen
Kulturtempel wohl zum ersten Mal betreten.

Eine Bühne speziell für moderne Klassik und Neue Musik bietet
das Studio 10 des Norddeutschen Rundfunks in der Oberstraße
120, das inzwischen den Namen Rolf Liebermanns trägt. Die
Einrichtung vermittelt zwar den Charme eines Vorlesungssaales,
dafür macht der Blick hinter die Glasfront des Aufnahmestudios
so manche serielle Komposition kurzweiliger.

Neue Musik ist auch ein Schwerpunkt im Forum der Hochschule
für Musik und Theater, dessen Studenten hier ihre ersten Lor-
beeren sammeln können.

Als Konzertstätten sowohl bei Musikern wie Zuhörern beliebt sind
die Hamburger Hauptkirchen, allen voran die St. Michaelis
Kirche. Der kreuzförmige Innenraum wird von nur vier Pfeilern
gehalten und gibt von überall den Blick auf die Kanzel frei. Ob
Bach, Mahler oder Garbarek: Die Konzerte im "Michel" sind jedes
Mal ein Ereignis und die Festtagskonzerte in der Regel schon
Wochen vorher ausverkauft. Wer leer ausgegangen ist, kann sich
um 10 oder 21 Uhr vor den Eingang des Michel stellen und dem
Türmer lauschen, der hier jeden Tag um diese Zeit auf der Trompete einen Choral intoniert – und das seit 300 Jahren (bei wechselnden Türmern wohlgemerkt). Im Kellergewölbe der Kirche
findet darüber hinaus ein- bis zweimal im Monat die Freitag-
Nacht-Musik mit Konzerten junger Musiker und Ensembles plus
kulinarischem Überraschungsbuffet statt.

Sakrale wie weltliche Musik gibt es regelmäßig auch in St. Katharinen und St. Petri zu hören. Einen Leckerbissen für Liebhaber

der Königin der Instrumente bietet die Hauptkirche St. Jacobi mit der größten norddeutschen Barockorgel des Meisters Arp Schnitger. Wer auf edles historisches Ambiente Wert legt, kann Kammermusikalisches und darüber hinaus Musik anderer Kulturen im Spiegelsaal des Museums für Kunst und Gewerbe genießen, einem 1909 im neoklassizistischen Stil erbauten Festsaal.

Von der Hoch- zur kommerziellen Kultur: Die bundesdeutsche Musical-Hauptstadt Hamburg bietet mit dem seit 1986 kontinuierlich aufgeführten (und in 2001 auslaufenden) Musical "Cats" im Operettenhaus, dem "Phantom der Oper" in der eigens dafür errichteten Neuen Flora sowie dem mitten im Hafen aufgebauten Riesenzelt für das "Buddy Holly-Musical" gleich drei Dauerbrenner, die trotz aller Unkenrufe noch immer Scharen von Besuchern in die Hansestadt locken. Nicht ganz so aufwändig, dafür lustiger geht es in den Varietés zu. Im Hansa Theater, Deutschlands ältestem Varieté, sind schon Hans Albers und Josephine Baker aufgetreten. Durch die Mitternachtsshow via TV auch einem größeren Publikum ein Begriff für ein frivoles Programm zwischen Revue, Cabaret und Varieté ist das Schmidt Theater in St. Paulis sündiger Meile. Gleich daneben finden in Schmidt's Tivoli und im St. Pauli-Theater stilvolle Inszenierungen in plüschigem Ambiente statt.

Zwar huscht seit Jahr(zehnt)en das Gespenst einer zigtausend Besucher fassenden, angeblich dringend benötigten Veranstaltungsarena durch die Medien und Senatsdebatten, bislang konnten für die Giganten des Showbiz jedoch (fast) immer Alternativen gefunden werden, sei es das Wilhelm-Koch-Stadion oder das Volksparkstadion, die Trabrennbahn am Volkspark oder der Derby-Park. Natürlich muss an diesen Orten das Wetter mitspielen, soll das Stimmungsbarometer steigen. Mit der Alsterdorfer Sporthalle gibt es gleichwohl auch eine massenträchtige überdachte Heimstatt für die Superkonzerte von Tina Turner, Elton John oder den jeweils gerade angesagten Boy- und Girl-Groups.
Eine bessere Akustik bietet der Saal 1 im Congress-Centrum Hamburg, kurz CCH. Die Architekten hatten dabei allerdings offensichtlich eher ein Diskussionsforen lauschendes Publikum im Hinterkopf gehabt, denn so richtig Stimmung kommt hier nur selten auf.

Für alle Bands und Musiker, die sich auch mit gut tausend Besuchern zufrieden geben, ist das Docks am Spielbudenplatz eine beliebte Anlaufstelle. Hamburgs größte Konzerthalle beherbergte um die Jahrhundertwende "Knopfs Lichtspielhaus", in dem die Hanseaten zum ersten Mal laufende Bilder erblickten (die Putten und Engel, die damals den Saal verzierten, sind zum Teil heute noch in der angrenzenden Prinzenbar zu besichtigen). Anlässlich eines Konzertes von Metallica, das auf dem Spielbudenplatz auf einer Riesen-Leinwand übertragen wurde, soll der knarzige Sänger gar von dem "best damned club in the world" gesprochen haben.

Wegen seiner im Vergleich zum Docks besseren Akustik und authentischeren Atmosphäre unter Rock-Fans mindestens ebenso beliebt ist die Große Freiheit 36 an gleicher Stelle, zumal der Live-Club das älteste Etablissement dieser Art ist. Auch hier geben sich eher mehr als weniger bekannte Rock- und Popmusiker die Klinkenstecker in die Hand und mischen sich nach getaner Arbeit manchmal sogar eine Treppe tiefer unter die verschwitzten und tanzenden Leiber des Kaiserkellers.

Einen Sprung vom Kiez zum Hauptbahnhof: Die Markthalle hat auch schon einige Jährchen auf dem Buckel und überrascht immer noch mit Auftritten, die man erst einige Zeit später als Kult würdigt. Das Drumherum hat Klasse, die Bühne ist von allen Seiten gut einsehbar, und auch der Sound kann sich hören lassen. Das Programm reicht von Elektronik über HipHop bis zu klassischem Gitarrenrock, und selbst knapp 20 Jahre nach dem Geschehen trifft man manchmal am Tresen noch Leute, die von einem John Cale-Auftritt Anfang der 80er schwärmen. Die über eine Treppe zu erklimmende kleine Bühne des MarX bietet auch unbekannten Bands die Gelegenheit zum Auftritt.

Da gerade von guter Sicht die Rede war: So charmant die denkmalgeschützte Fabrik in Altona auch auf den Konzertbesucher wirken mag: Spätestens wenn die Spots angehen, taucht das Problem mit diesen Pfeilern auf, zumal wenn sich direkt vor einem mal wieder irgendeine Basketballmannschaft postiert hat. Davon abgesehen ist Deutschlands "dienstältestes" Kommunikationszentrum nicht nur wegen seiner wechselhaften Historie ein echter Klassiker der Hamburger Musikszene. Im Juni 1971 von dem Maler und Grafiker Horst Dietrich und dem Architekten

Die Fabrik ist Altonas erste Adresse für Jazz- und Weltmusik

Friedhelm Zeuner gegründet, zählt bereits eines der ersten Konzerte mit Mikis Theodorakis zu den Erinnerungslegenden (nicht nur) für Altachtundsechziger. Ob Miles Davis oder Chet Baker, Philip Glass oder Steve Reich, Udo Lindenberg oder die Toten Hosen. Vom Fließband kam die Musik in der Fabrik nie. Auch heute noch liegt der Programmschwerpunkt im Bereich Jazz, Folk und Weltmusik.

Bleibt noch die Freilichtbühne im Stadtpark, die bei gutem Wetter ein Konzert zu einer Party machen kann – bei schlechtem allerdings auch. Sogar Alt-Barde Leonard Cohen zeigte sich bei seinem letzten Auftritt in Hamburg gerührt: Das Publikum lauschte derart andächtig, dass selbst das Vogelgezwitscher zu hören war. "A lovely place", sagte der Meister des Songwritings und stimmte spontan sein "Bird on the wire" an.

ALSTERDORFER SPORTHALLE
Krochmannstraße 55 · 22297 Hamburg · Tel. 514 83 50

BUDDY MUSICAL THEATER
Norderelbstraße 6 · 20457 Hamburg · Tel. 30 05 11 50

CONGRESS CENTRUM HAMBURG (CCH)
Tiergartenstr. 2a · 20355 Hamburg · Tel. 34 20 25/26

DOCKS
Spielbudenplatz 19 · 20359 Hamburg · Tel. 31 78 83 11

FABRIK
Barnerstraße 36 · 22765 Hamburg · Tel. 39 10 70

FORUM DER HOCHSCHULE FÜR MUSIK UND THEATER
Harvestehuder Weg 10-12 · 20148 Hamburg · Tel. 44 19 55 76

FREILICHTBÜHNE IM STADTPARK
Saarlandstraße / Jahnring

GROSSE FREIHEIT 36
Große Freiheit 36 · 20359 Hamburg · Tel. 317 77 80

HAMBURGISCHE STAATSOPER
Große Theaterstraße 34 · 20354 Hamburg · Tel. 35 17 21

HANSA THEATER
Steindamm 17 · 22089 Hamburg · Tel. 24 14 14

HAUPTKIRCHE ST. JACOBI
Jakobikirchhof 22 · 20095 Hamburg · Tel. 32 65 27

HAUPTKIRCHE ST. KATHARINEN
Katharinen Kirchhof · 20457 Hamburg · Tel. 33 62 75

HAUPTKIRCHE ST. MICHAELIS
Krayenkamp 4c · 20459 Hamburg · Tel. 36 65 88 37

HAUPTKIRCHE ST. NIKOLAI
Klosterstern · 20149 Hamburg · Tel. 41 80 84

HAUPTKIRCHE ST. PETRI
Mönckebergstraße/Bergstraße · 20095 Hamburg · Tel. 325 74 00

KULTURKIRCHE ST. JOHANNIS
Bei der Johanniskirche 16 · 22767 Hamburg · Tel. 439 33 91

MARKTHALLE
Klosterwall 9 · 20095 Hamburg · Tel. 33 78 54 und 33 94 91

MUSIKHALLE
Johannes-Brahms-Platz · 20355 Hamburg · Tel. 35 76 66-0

NDR, ROLF LIEBERMANN STUDIO
Oberstraße 120 · 20149 Hamburg · Tel. 41 56-0

NEUE FLORA
Stresemannstraße/Alsenplatz · 22769 Hamburg · Tel. 01805 / 44 44

NEUES THEATER AM HOLSTENWALL
Holstenwall 19 · 20355 Hamburg · Tel. 31 00 51

OPERA STABILE
Büschstraße 11 · 20354 Hamburg · Tel. 35 68 0

OPERETTENHAUS
Spielbudenplatz 1 · 20359 Hamburg · Tel. 01805 / 44 44

SCHMIDT THEATER / SCHMIDTS TIVOLI
Spielbudenplatz 24 / 27 · 20359 Hamburg · Tel. 31 77 88 99

SPIEGELSAAL DES MUSEUMS FÜR KUNST UND GEWERBE
Steintorplatz 1 · 20099 Hamburg · Tel. 428 54 27 32

ST. PAULI-THEATER Direktion Collien
Spielbudenplatz 29 · 20359 Hamburg · Tel. 31 07 41

VORVERKAUF

CLASSIC CENTER BLEICHENHOF
Bleichenhof · 20354 Hamburg · Tel. 35 44 14

KARTENHAUS
Gertigstraße 4 · 22303 Hamburg · Tel. 270 11 69
und
Schanzenstraße 5 · 20357 Hamburg · Tel. 43 59 46 · www.kartenhaus.de

KONZERTKASSE DES CCH
St. Petersburger Straße 1 · 20355 Hamburg · Tel. 34 20 25

KONZERTKASSE GERDES
Rothenbaumchaussee 77 · 20148 Hamburg · Tel. 45 33 26

KULTURRING DER JUGEND
(ermäßigte Karten für Jugendliche zwischen 13 u. 27 Jahren)
Steinstraße 7 · 20095 Hamburg · Tel. 24 86 42 78

OMS – HAMBURGER VERANSTALTUNGS- UND TICKET-SERVICE LASKOWSKY
Schloßmühlendamm 2 · 21073 Hamburg · Tel. 77 55 81

THEATER- UND KONZERTKASSE ELBE EINKAUFSZENTRUM
Osdorfer Landstraße 131 · 22609 Hamburg · Tel. 80 10 13

THEATER- UND KONZERTKASSE IM ALSTERHAUS
Jungfernstieg 16 · 20354 Hamburg · Tel. 35 35 55

THEATER- UND KONZERTKASSE E. SCHUMACHER
Colonnaden 37 · 20354 Hamburg · Tel. 34 30 44

THEATER- UND KONZERTKASSE EIMSBÜTTEL
Osterstraße 70 · 20259 Hamburg · Tel. 40 73 70

THEATER- / KONZERTKASSE HANSA
Bergedorfer Straße 160 · 21029 Hamburg · Tel. 721 36 34

THEATER- / KONZERTKASSE KAISER
Wandsbeker Königstraße 5 · 22041 Hamburg · Tel. 68 50 20
www.ticket-hamburg.de

THEATER- / KONZERTKASSE KURT COLLIEN
Eppendorfer Baum 25 · 20249 Hamburg · Tel. 48 33 90

TICKET-LINE (Musical-Karten per Telefon u. Internet)
Überseering 33 · 22297 Hamburg
Tel. 01805 / 30 20 10 · www.ticket-line.de

TOP TICKET SERVICE WELTWEIT
Bramfelder Dorfplatz 13 · 22179 Hamburg · Tel. 642 50 63
Fax 641 58 88 · www.topticket.de

LIVE-CLUBS

„In einer Stadt mit eineinhalb Millionen Menschen muss es doch möglich sein, einhundert davon in einen Club zu locken." Andreas Schnoor, Molotow-Erfinder

Neben Musikhalle, Staatsoper, Docks oder Fabrik sind es vor allem die "kleinen" Clubs, die den Reiz der Hamburger Live-Szene ausmachen. Bekannte Namen wie Onkel Pö's Carnegie Hall, Dennis' Swing Club oder das Remter gehören zwar der Vergangenheit an, dafür sind andere an deren Stelle getreten wie das Logo, der Cotton Club, das Birdland oder die zwar kaum mehr als ein Jahrzehnt alten, dennoch längst weit über Hamburg hinaus bekannten Kiez-Clubs von Mojo bis Molotow.

Die Vielfalt dieser Szene beruht dabei in erster Linie auf dem Engagement der Veranstalter, die ihre Läden nicht selten über Jahre hinweg an der finanziellen Pleite entlang manövrieren und häufig nur mittels der Tanzveranstaltungen den Live-Betrieb aufrechterhalten können. Als wichtiger Bestandteil der Hamburger Kulturszene taucht hier natürlich die Frage der praktisch nicht vorhandenen öffentlichen Subventionierung auf, zumal wenn man die millionenschweren Zuwendungen an "klassische" Kulturträger berücksichtigt. GEMA-Gebühren und steigende Personalkosten üben zusätzlichen Druck aus, mit der Folge, dass für unbekannte Bands das "Pay for play", sprich das Bezahlen für den eigenen Auftritt, längst kein Fremdwort mehr ist.

Dem musikinteressierten Publikum können diese Probleme natürlich (vorerst) egal sein. Es kann im wahrsten Sinne des Wortes aus dem Vollen schöpfen und sich für Eintrittspreise, die nicht selten unter denen einer Kinokarte liegen, "bedienen" lassen. Die folgenden Kurzportraits ausgewählter Live-Clubs aus der Hamburger Musikszene sollen dazu beitragen, dass es diese Form des Konsums nicht als Selbstverständlichkeit wahrnimmt, sondern als eine Dienstleistung, hinter der jede Menge persönlicher Phantasie und Wagemut verborgen sind.

ANGIE'S NIGHTCLUB

Sozusagen die "bel étage" des Schmidts Tivoli ist Angie's Nightclub am Spielbudenplatz, einer der Klassiker des an Live-Etablissements nicht eben armen Hamburger Kiez.

Zwischen Mittwoch und Samstag geleitet hier seit Anfang 1999 als Nachfolgerin der legendären Clubkönigin Angie Stardust die "White Queen of Soul" Floy – mit bürgerlichem Namen Heike Vieweg – gemeinsam mit dem Pianisten Roger Cicero, der hauseigenen Band und wechselnden Gastmusikern durch ein Live-Programm, bei dem es auch so manchen passionierten Nicht-Tänzer aus den Clubsesseln treibt. Es dominieren Soul, Funk, Jazz und Swing, ein Programm, das laut Eigenaussage "bis zum Mississippi seinesgleichen sucht".

Zum Kennenlernen und kostengünstigen Flirten bietet sich der Happy-Day-Treff am Mittwoch an, da es hier die von dem unter anderem beim Asbach-Uralt-Mixdrink-Wettbewerb ausgezeichneten Barchef Jürgen Behrends geshakten Cocktail-Creationen zum halben Preis gibt.

ANGIE'S NIGHTCLUB (im Schmidts Tivoli)
Spielbudenplatz 27-28 · 20359 Hamburg
Tel. 31 77 88 0 · Fax 31 77 88 74 · www.tivoli.de

BIRDLAND

Eine recht steile Treppe führt hinab in einen der anspruchsvollsten Jazz-Clubs der Stadt, das Birdland in der Gärtnerstraße 122. Das verwinkelte Ambiente (110 Sitzplätze), das sich fast übergangslos um die Bühne schmiegt, und eine Ahnengalerie an Jazzlegenden entlang den fensterlosen, holzgetäfelten Wänden machen dem Gast schon beim Eintreten klar, dass hier vor allem eines die Hauptrolle spielt: Live-Musik, in diesem Fall Mainstream, Bebop und Modern Jazz. Chet Baker, Wynton Marsalis oder Joe Henderson sind nur einige der klangvollen Namen, die am Rande Eppendorfs für Swing von Weltformat gesorgt haben. Abgesehen von solchen Highlights und einer sechswöchigen Sommerpause veranstaltet das Birdland jeweils mittwochs, freitags und samstags Konzerte mit nationalen und internationalen Formationen, die einen repräsentativen Querschnitt durch die aktuelle Jazz-Szene abseits des in Hamburg dominierenden Dixieland darstellen.

Als Sitz der von der Kulturbehörde geförderten "Hamburg Jazz Federation e. V." bietet das Birdland jungen Künstlern ein Forum, ihr Talent vor dem durchaus kritischen Publikum unter Beweis zu stellen (Kontakt: Dr. Rudolf Petroll). Beliebt nicht nur wegen des

Bei den donnerstäglichen Jam-Sessions im Birdland kann es ziemlich eng werden

freien Eintritts sind die donnerstäglichen Jam Sessions (ab zehn Uhr ist allerdings nicht nur vor dem Tresen Stehvermögen angesagt). Mitglieder der Jazz-Federation kommen in den Genuss ermäßigten oder kostenlosen Eintritts zu den Konzerten – dies bei einem Monatsbeitrag von 20 Mark (Ehepaare 30 Mark). Hanseaten mit dem nötigen Kleingeld können das Birdland darüber hinaus an den konzertfreien Abenden für Privatfeiern mieten.

> **BIRDLAND**
> **Gärtnerstraße 122 · 20253 Hamburg · Tel. 405 277**
> **Programm + Management: Dr. Rudolf Petroll · Tel. 555 38 68**

COTTON CLUB

Onkel Tom lässt grüßen: Hamburgs ersten Jazzkeller den Liebhabern des traditionellen Jazz ans Herz zu legen hieße Baumwollflocken nach New Orleans zu tragen. Es dürfte wohl kaum eine hanseatische Formation aus dem Bereich des Dixieland, Swing, Oldtime und Hot Jazz geben, die hier nicht schon aufgetreten ist, dazu kommen unzählige Gastspiele internationaler Bands aus Europa (speziell England, Schweden und Polen) und Übersee. Dieser Nimbus, die publikumswirksame Lage am Großneumarkt und das gediegene Ambiente tragen dazu bei, dass der Cotton Club stets gut bis richtig gut besucht ist, quer durch alle Generationen.
Inhaber Dieter Roloff ist bereits seit 1961 im Geschäft, als er "Vati's Tube" im Tiefbunker am Grindelhof übernahm, der dann ab 1963 in Cotton Club umgetauft wurde. Über mehrere Stationen zwischen der Spaldingstraße und dem Hochbunker am Poelchaukamp hinweg zog der Cotton Club 1971 in den jetzigen Standort am Alten Steinweg 10. In der Folgezeit entwickelte sich der Cotton Club zu einer Ausnahmeerscheinung in der internationalen Jazz-Szene, da hier fast täglich Live-Auftritte geboten

wurden – und immer noch werden. Nicht zuletzt aufgrund seines Engagements braucht sich Dieter Roloff weder auf noch vor der Bühne Gedanken über Nachwuchs zu machen, zumal in den letzten Jahren verstärkt Musiker und Bands aus der Blues- und Modern-Jazz-Szene hier ihre Heimat finden. Dem internationalen Anspruch wird auch das Publikum gerecht: Geschäftsleute aus aller Herren Länder nehmen hier gerne zum Umtrunk Platz.

COTTON CLUB · **Alter Steinweg 10** · **20459 Hamburg**
Tel. 34 38 78 · **Fax 34 80 123**
www.go-hamburg.de

DAS FEUERSCHIFF

Ein "schwimmender Leuchtturm", genauer: das alte englische Feuerschiff LV 13, sendet seit 1995 seine Signale vorwiegend für Liebhaber des traditionellen Jazz aus.

Am City-Sporthafen vor Anker, spielen in dem in Eigenregie von Kapitän Wulf Hoffmann umgebauten knallroten Schmuckstück an zwei Tagen in der Woche sowie zum sonntäglichen Frühschoppen nationale und internationale Bands im Maschinenraum auf. Zumeist donnerstags werden als Kontrastprogramm Kabarett, Lesungen sowie musikalische Gastspiele unterschiedlicher Richtungen, speziell

Vorsetzen, 20459 HH (gegenüber U- Baumwall)
Tel: 040 362553 /54 Fax: 040 362555
e-mail: das-feuerschiff@t-online.de
home: http://home.t-online.de/home/das-feuerschiff

Jazz auf dem Feuerschiff mitten im Hamburger Hafen

Jeden Sonntag 11:00 - 14:30
Jazzfrühschoppen
mit bekannten internationalen Jazzbands
Jeden Montag 20:30 - 24:00 "Blue Monday"
Jazzmusiker-Treff & -Session für New Orleans
Jazz, Blues & Swing. Eintritt frei
Sie können bei uns auch gemütlich speisen

aus dem Blues (Abi Wallenstein lässt grüßen!), geboten. Unter dem Motto "Blue Monday" findet von Anbeginn an durchgängig jeweils montags eine offene Session für Musiker aus der New-Orleans-Jazz-, Blues- und Swing-Szene statt. Bei freiem Eintritt eine gute Gelegenheit zum Kennenlernen, zumal der passionierte

Hobby-Jazzer Wulf Hoffmann es sich in der Regel nicht nehmen lässt, seinen 1927er Rugner-Bass zum Swingen zu bringen.Die Gastronomie mit Bar, Pub und Restaurant ist gepflegt und

Seit 1995 ausnahmslos jeden Montag im Programm: die "Blue Monday"-Session im Maschinenraum des Feuerschiffs

auf vernünftigem Preisniveau; wer es sich leisten kann, übernachtet nach dem After-Concert-Cocktail in einer der Kabinen und genießt hautnah die spektakuläre Aussicht auf den Hamburger Hafen. Inmitten des altersmäßig gemischten Publikums lassen sich auch Prominente wie Heiner Lauterbach, Udo Lindenberg oder Helmut Schmidt erspähen, und dass Inga Rumpf ihre Hochzeit im Feuerschiff gefeiert hat, soll auch nicht unerwähnt bleiben.

DAS FEUERSCHIFF
City-Sporthafen, Vorsetzen · 20459 Hamburg
Tel. 36 25 53/54 · Fax 36 25 55

GOLDEN PUDEL KLUB

Der Golden Pudel Klub zwischen Fischmarkt und Landungsbrücken ist der Beweis dafür, dass man als Szene-Schuppen auch ohne Megawatt-Laserbühne und Goldkettchen-Türsteher voll im Trend sein kann.

Auf den schätzungsweise 40 qm Innenfläche im Stil einer vom Vermieter willkürlich geteilten Altbauwohnung drängeln sich speziell zum Wochenende die Besucher und lauschen dem, was die DJs gerade auflegen, und das kann so ziemlich alles sein zwischen Easy Listening, Elektrobeats und Punk. In den Sommermonaten wird die Enge durch einen Biergarten zwar entspannt, bei Live-Auftritten spielt aber auch der keine Rolle mehr, und klaustrophobische Naturen sollten es sich dreimal überlegen, ob sie sich zum Mischpult vordrängeln.

Das Live-Programm des Golden Pudel Klub scheint im Übrigen nach dem gleichen Muster gestrickt wie die Disko, will heißen: Nichts ist unmöglich. Und wer genau dafür verantwortlich ist aus dem Umfeld zwischen Rocko Schamoni und den Goldenen Zitronen, weiß wahrscheinlich auch keiner so genau. Auf jeden

Fall sollte jeder, der seinem Besuch aus dem Odenwald beweisen will, dass er sich in der Hamburger Szene auskennt, den Bretterverhau mit Elbblick mit auf der Liste haben. Am besten ziemlich weit hinten, denn je später, desto pudeliger die Gäste.

GOLDEN PUDEL KLUB
Fischmarkt 27 · 22767 Hamburg · Tel. 319 53 36

"HAFENKLANG" E.V.

Als das Haus "Hafenklang" 1860 erbaut wurde, war Altona-Altstadt ein dichter Häuserteppich, der von der Großen Hafenstraße bis zur Palmaille reichte. Später diente das Parterre als Stallung für Pferde, welche die Straßenbahnen der Linie 30 zogen, und noch später machte eine Fliegerbombe den oberen beiden Stockwerken den Garaus.

Das "Hafenklang" ist dennoch geblieben. Inzwischen als Eingetragener Verein registriert, steht der Name für eine in der Hansestadt nicht wegzudenkende Institution für kreatives Arbeiten und ist ein Treffpunkt für Musiker und Künstler geworden. Das Hafenklang-Tonstudio war das erste 24-Spur-Studio in Hamburg, in der Udo Lindenberg, Einstürzende Neubauten, die Jeremy Days oder die US-Punker Dead Kennedys ihre Platten aufgenommen haben. Bereits Mitte der 80er gab es im Untergeschoss regelmäßig gut besuchte Konzerte, die vor allem von den Betreibern des Tonstudios organisiert wurden. Als den Bewohnern 1996 die Kündigung eingereicht wurde, stellte der Verein Hafenklang e. V. ein Nutzungs- und Bebauungskonzept vor, welches sowohl den wirtschaftlichen Belangen des Grundstücks als auch dem Kulturstandort am nördlichen Hafenrand gerecht wird.

Mag manchen Fischmarkttouristen beim Vorbeiflanieren an der mit Graffities und Plakaten übersäten Fassade ein leichtes Gruseln überkommen ("Zum Glück haben wir nicht hier geparkt!"), für andere gehört das Hafenklang zu den bedeutendsten und musikalisch vielseitigsten Auftrittsorten der Stadt. Vom zarten Elektropop bis zu Techno bekommen hier (nicht nur) Hamburger Bands ein zumeist gut besuchtes Forum geboten, das sich durch Publikumsnähe und seit dem Hafengeburtstag 2000 auch eine gute Bühnenanlage auszeichnet.

"HAFENKLANG" E. V.
Große Elbstraße 184 · 22767 Hamburg · Tel. 38 87 44

JAZZSOUL CLUB

Jeweils am ersten Samstag im Monat treffen sich im JazZSoul Club im alten Erotic Art Museum auf dem Kiez Musiker, Macher und potentielle Models zu einem Live-Programm mit bis zu fünf Bands, das den vom Dixieland und Traditional-Jazz geprägten Horizont der hiesigen Jazz-Szene um einiges erweitert.

Von klassischem Soul bis zu freakigen Crossover-Stücken bekommen die Gäste einen Querschnitt des zeitgenössischen Jazz und Soul zu hören, bei dem neben Professionalität vor allem Spielfreude und Originalität im Vordergrund stehen.

"Bei mir spielen Vollblutmusiker", sagt Initiator und Veranstalter Jochen Bantz, der den JazZSoul Club nicht nur als Live-Event, sondern zugleich als Kontaktforum zwischen Musikern, Industrie und Publikum sieht. Entsprechende Erfahrungen konnte er im Madhouse und im Café Fees sammeln, wo er den JazZSoul Club praktisch aus dem Nichts zu einem der Selbstgänger

Der JazZSoul Club bietet jeden ersten Sonntag im Monat Gelegenheit zum Auftritt in prickelndem Ambiente

im Hamburger Veranstaltungs-Kalender gemacht hat. Seit September 2000 findet der JazZSoul Club parallel auch in Berlin statt – eines der wenigen Beispiele in puncto Live-Szene, bei denen Hamburg gegenüber der Hauptstadt mal die Nase vorn hat.

> **JAZZSOUL CLUB** · **Erotic Art Museum**
> **Erichstraße 19** · **20359 Hamburg**
>
> **Booking und Bewerbung:**
> **HEINEKEN JAZZSOUL ARTISTPOOL**
> **Budapester Straße 38** · **20359 Hamburg**
> **Tel. 33 39 91 33** · **Fax 33 39 91 00**
> **E-Mail: artistpool@event-store.de**
> **www.eventstore.de**

KIR

Kir – der Name, der außerhalb Hamburgs ausschließlich für Cocktailfreunde ein Begriff ist, steht in der Hansestadt seit über 15 Jahren für ein vitales Clubleben. Angefangen hat alles in Poppenbüttel: Gesucht wurde eine Provinz-Alternative zu den alteingesessenen Hamburger Musik-Clubs, die schließlich unter dem Dach der Vorstadtdisko "Sitrone" gefunden wurde. Ein karger Hinterraum bildete das damals einzige Forum für trendsetzenden Independent- und Underground-Rock. "Kir-Musik" wurde Anfang der 80er zum Markenzeichen, das manch etablierten Club-Besitzer säuerlich die Miene verziehen ließ, den stets in Weiß gekleideten Kir-Gründer Clemens Grün in der Szene umso bekannter machte.

Nach einem Brand im Jahre 1984 zog das Kir nach Altona in die Max-Brauer-Allee, wo es sich seitdem im ewigen Wettstreit mit dem Logo um den Titel "Hamburgs schönster Schuhkarton" befindet. Der kleine Club an der Sternbrücke (im Sommer mit Biergarten!) setzt weiterhin auf alternative Live-Musik und bietet nach wie vor auch Hamburger Bands Auftrittsmöglichkeiten. Auf der Bühne wie auf der Tanzfläche wird eine breite Musikpalette zwischen Wave, Britpop, Crossover und Elektropop geboten. Beliebt ist die montägliche "Stop making sense"-Party mit den Helden der 80er.

KIR · Max-Brauer-Allee 241 · 22769 Hamburg
Tel. 43 80 41 · Fax 439 53 13
E-mail: info@kir-hamburg.de

KNUST

Hamburger Brotkanten sind zäh: Kaum ein Club in Hamburg weist eine so wechselvolle Historie wie das Knust auf. In den 50ern unter "Xero" und "Taverne" als Tanzschuppen von der in den Wirtschaftswunderjahren Orientierung suchenden Jugend frequentiert, wurde es als "Jazzhouse" sowohl Sprungbrett für Inga Rumpfs "City Preachers" oder den damals noch als Schlagzeuger ackernden Udo Lindenberg als auch Auftrittsort für hoffnungsvolle Jazzer wie Chick Corea, Herbie Hancock oder Jasper van't Hoff – um nur einige zu nennen. 1976, nunmehr in Knust umbenannt, war die kleine Bühne an der Brandstwiete offen für Folker und Jazzer (der Eintritt war frei), um dann ab 1980 als ambitionierter Rock- und Newcomer Club Furore zu machen (legendär immer noch der von gerade mal einer Handvoll Besuchern erlebte Auftritt von R.E.M. – die anderen Clubs hatten mangels Interesse abgewunken).

Zwischen 1985 und 1987 als Live-Club praktisch tot, machte sich das Knust in dieser Phase mit seinen Engtanzfeten als Partnervermittlungsinstitut verdient. Die folgenden drei Jahre waren wieder mit Live-Musik von damaligen Nachwuchsbands à la Fury in the Slaughterhouse geprägt, um ab 1990 zum Hard-Rock-Mekka und ab 1992 – sozusagen back to the roots – als innovativer Folkrock-Club auf Spitzenniveau Flagge zu zeigen.

Im neuen Jahrtausend präsentiert sich das Knust unter Booker Norbert Roep als abwechslungsreicher Laufsteg zwischen Pettycoat ("Rock'n'Roll Hillbilly-Nights"), internationaler Independent-Szene und Hamburger Underground-Nachwuchs. Vielfalt als Programm nach dem Motto "The Knust will never die". Die gute Anlage und das auch ohne Engtanzgeschmuse kontaktfreudige Ambiente lassen hoffen, dass das so bleiben wird.

KNUST · Brandstwiete 2 · 20457 Hamburg
Programm: Norbert Roep · Tel. 32 49 33

LOGO

Einen Schönheitspreis wird das Logo wohl nie gewinnen. Kurz nach dem Krieg als provisorisches Möbelhaus aus Trümmern zusammengezimmert, erinnert der Bau von der Größe wie der Ästhetik her eher an den Geräteschuppen des Uni-Hausmeisters. Doch der Schein trügt. Kaum ein Szenegänger jenseits der Dreißig, der nicht mit mindestens einer Handvoll erinnerungswürdiger Logo-Konzerte angeben kann. Und kaum eine Hamburger Band, die es hier nicht schon einmal versucht hätte.

Der überlieferte und amtlich verbürgte Geburtstag des Clubs datiert auf den 9. September 1974, als die Gastronomen Wieland Vagts und Ronald Krohn hier ein "Restaurant" mit BAFöG-kompatiblen Preisen eröffneten. Schon kurze Zeit später gab es dann die ersten Konzerte, und zu Beginn der 80er wurde das Logo zum beliebten Auftrittsort für Kabarett-, Travestie und Musiktheatergruppen wie die Erste Allgemeine Verunsicherung oder die Hallucination Company mit dem inzwischen seligen Falco. In den folgenden Jahren wechselten zwar die Inhaber, der Zug zum

Das Logo – ein Klassiker der Hamburger Live-Szene

reinen Live-Schuppen war aber längst abgefahren. Obwohl chronisch stets kurz vor der Pleite, liest sich die Programmliste bis hinein in die späten 90er wie ein Who's who der besten internationalen Live-Bands, deren Konzerte durch die unmittelbare Nähe zum Publikum nicht selten legendären Status erlangten – so etwa einer der letzten Live-Auftritte von Jeff Buckley.

Dazwischen gab (und gibt) das Logo speziell Hamburger Bands die Gelegenheit zum Auftritt, Formationen aus dem Umland haben dagegen kaum bis gar keine Chancen. Ursula Morris als Bookerin und die Mitinhaber Karsten Schölermann und Eberhard Gugel setzen zudem immer häufiger auf die gut besuchten Revival-Konzerte, die zwar mit bisweilen verblüffend perfekt nachgespielter Siebziger- und Achtziger-Jahre-Superstar-Mucke durchaus zu beeindrucken wissen, musikalisch aber eher einen traurig stimmenden Nachgeschmack hinterlassen. Schön anzuschauen und recht kurzweilig ist die Internet-Seite. Hier kann man sich über aktuelle Konzerte informieren oder die imposante Historie noch einmal detailliert nachlesen.

LOGO · **Grindelallee 5** · **20146 Hamburg**
Tel. 410 56 58 (Programm) · **Tel. 35 71 21 21 (Booking)**
Fax 37 13 33 · **www.logohamburg.de**

MAYDAY

Eines der letzten Relikte der in den Siebzigern noch recht lebendigen Kneipenrock-Kultur ist das 1989 eröffnete Mayday in der Bahrenfelder Straße 247. Zwischen September, genauer: zur "Nacht der Clubs", und Ende Mai finden hier grundsätzlich jeden Samstag Konzerte mit Formationen aus der norddeutschen Rock-, Blues- und Popszene statt. Wenig bis gar keine Chancen haben laut Booker Arne Heinen Musiker aus der Rap-, HipHop-, Punk- und Heavy-Metal-Szene. Angesichts der nicht gerade üppigen Auftrittsmöglichkeiten in Hamburg für "traditionelle" Live-Musiker ist diese Programmpolitik – zumal für einen eingefleischten Grateful-Dead-Anhänger – durchaus konsequent und musikalisch korrekt. 12 Mark Eintritt ist der Standard, davon erhalten die Auftretenden drei Viertel und die Zuhörer einen Live-Act, bei dem es häufig etwas bislang Ungehörtes zu entdecken gilt (der Anteil neuer Bands macht knapp die Hälfte des Programms aus). Vorhanden ist ein Sechs-Kanal-Mischpult, der Rest ist selbst mitzubringen. "Die Bands kommen gerne wieder", sagt Arne – und man glaubt es ihm. Zu den Konzerten treffen im Mayday der Agenturtexter und der autonome Bewohner des benachbarten Bauwagen-platzes aufeinander, man trinkt den Gerstensaft zumeist unkom-pliziert aus der Flasche oder schwelgt bei schummrigem Kerzen-licht und inmitten dichter Rauchschwaden in nostalgischen Erinnerungen. Bands, die hier auftreten wollen, geben ihr Demo am besten direkt am Tresen ab. Das Feedback folgt meistens schon nach dem ersten Jever.

**MAYDAY · Bahrenfelder Straße 247 · 22765 Hamburg
Booking: Arne Heinen · Tel. 390 49 66**

MOJO-CLUB

Hamburg-Neulinge, die bei ihrem ersten Reeperbahn-Besuch – möglichst noch tagsüber und bei eitel Sonnenschein – das Millerntor passieren und nach "Deutschlands bestem Club" (Prinz, '99) Ausschau halten, werden mit der morbiden Fassade des ehemaligen Bowlingcenters zunächst nur wenig anzufangen wissen. Der Eindruck ändert sich ab Mitte der Woche zu fortge-schrittener Stunde, um im zeitlosen Nirwana zwischen Samstag und Sonntag endgültig der Überzeugung zu weichen, dass der viel zitierte Mojo-Sound zwischen Acid-Jazz und Soul noch immer eine Macht der Nacht ist und der Mojo Club die dazugehörende Bastion. – Angefangen hatte alles 1989 mit der Losung "Dance-floor Jazz", die die Rückkehr des Jazz auf die Tanzflächen ein-leitete. Als der Mojo Club 1991 auf der Reeperbahn ansässig wurde, hatte sich längst eine große Gemeinde von Jazzniks und Hipstern gebildet, die dem musikalischen Geschehen, egal ob vom Plattenteller oder auf der Live-Bühne, huldigte.
Nach einer Schwächephase Mitte der 90er haben die Mojo-Be-treiber Leif Nüske und Oliver Korthals mit der Verpflichtung inter-nationaler DJ-Größen und Musiker sowohl programmatisch als

auch mittels Investitionen in bauliche Maßnahmen wie der lauschigen Mandarin-Bar zu alter Größe (bei neuer Vielseitigkeit) zurückgefunden. Dafür bürgen Namen wie Kruder & Dorfmeister, Shantel oder Kemistry & Storm ebenso wie die regelmäßige Anwesenheit der Hamburger Musikerpolizei oder Gastspiele schreibender Popstars à la Stuckrad-Barre bei den Urban-Poetry-Sessions. Wer sich über das gesamte Mojo-Imperium informieren will, dem sei ein Blick in die Website empfohlen. Motto: Es darf geblättert werden.

MOJO CLUB · Reeperbahn 1 · 20359 Hamburg
Tel. 319 19 99 · www.mojo.de

MOLOTOW

Genau ein Dutzend Leute waren anwesend, als am 3. Juni der Teenage Fanclub die Bühne des Molotow betrat – Premiere für ein Kellergewölbe, das auch zehn Jahre später noch zu den angesagtesten Live-Clubs auf dem Kiez gehört. Molotow-Gründer Andreas Schnoor – er wurde als gewaltloser Beobachter während eines Flora-Polizeieinsatzes zu diesem Namen inspiriert – hatte anno 1990 bereits zwei Jahre für die Altonaer Fabrik ein gutes Händchen im Booking für jene Art von Bands bewiesen, die es vom Geheimtipp zum Kultstatus brachten. So traten im Molotow unter anderem Soul Asylum, Tav Falco oder die Toten Hosen auf, daneben ca. 1.000 weitere Formationen, die mal vor 15, mal vor 150 Leuten die tapezierten Wände zum Wackeln brachten. Ein gemeinsamer Nenner all dieser Konzerte war und ist der finanziell durchaus waghalsige Versuch, ein Musikprogramm auf die Beine zu stellen, das sich nicht in Routine ergötzt, sondern dem Publikum wie den Musikern etwas Neues bietet. "Langeweile" ist ein Wort, das Andreas Schnoor gar nicht mag und dem er unter anderem als Plakatkleber, Gründer mehrerer Plattenlabels und einer Agentur sowie HWP-Student ("interdisziplinär") auch persönlich konsequent aus dem Wege gegangen ist.
Ab 1993 wurde das Molotow von Gesine Judjahn weitergeführt, die nach jahrelangen Auseinandersetzungen mit der Nachbarschaft für eine funktionierende Schalldämmung sorgte und inzwischen gemeinsam mit Andreas Schmidt die eine Treppe höher gelegene Meanie Bar betreut. In dem noch intimeren Rahmen finden noch intimere Konzerte statt, der Austausch mit Andreas

Schnoor, der seit September 1999 wieder im Molotow aktiv ist, liegt nicht nur räumlich nahe. Dies trifft auch für die Club-Tanzveranstaltungen zu, die – Live-Fundamentalisten mögen darüber die Nase rümpfen – letztlich das vielfältige Bühnen-Abenteuer finanzieren.

MOLOTOW / MEANIE BAR
Spielbudenplatz 5 · 20359 Hamburg · Tel. 31 08 45

PLANET SUBOTNIK

Subotnik ist russisch und bedeutet "freiwilliger Arbeitseinsatz". Das hatte vor gut 15 Jahren, als der Laden noch am Spritzenplatz beheimatet war, durchaus seine Berechtigung. Mit der Freiwilligkeit war das allerdings so eine Sache, und ab 1991 am neuen Standort in der Großen Brunnenstraße wurde aus dem Subotnik erst mal das Café Planet, um wiederum einige Jahre später zum Planet Subotnik zu transformieren.

Sabine Kluwer, die praktisch von Anfang an dabei war, hält gegenüber ihrem größtenteils aus Musikern zusammengesetzten Team zwar immer noch am Prinzip der Freiwilligkeit fest, trotzdem hat sie es geschafft, dass aus dem Planet Subotnik ein Live-Club geworden ist, der sowohl Bands als auch Publikum aus ganz Hamburg und darüber hinaus anzieht. Grundsätzlich samstags – Ausnahmen bestätigen die Regel – finden hier Konzerte im Doppelpack statt, unter Beteiligung von mindestens einer Hamburger Band. Der stilistischen Vielfalt sind zwar keine Grenzen gesetzt, doch angesichts der geringen Eintrittspreise sind es vorwiegend Formationen der härteren Gangart, die die kleine Bühne bevölkern. "Inzwischen haben wir es geschafft, dass die meisten Konzerte gut bis sehr gut besucht sind", sagt Sabine Kluwer, die nach den Konzerten auch immer noch einen zugkräftigen DJ aus dem Ärmel zaubert. Unter der Woche wird im Übrigen mit den "Come'n Dance"- und "Come'n Play"-Events für Abwechslung in Ottensen gesorgt, und für das Frühstück machen sich sogar Bergedorfer auf die Socken. Etwa 20 Demo-Tapes trudeln monatlich ins Planet Subotnik ein, zwei bis drei Monate müssen sich interessierte Bands normalerweise bis zum Auftritt gedulden. Die Hausanlage ist zwar noch nicht auf dem allerneuesten technischen Stand, aber die Subotniks arbeiten daran – und zwar freiwillig.

PLANET SUBOTNIK
Große Brunnenstraße 55a · 22763 Hamburg · Tel. 39 77 14

PRINZENBAR

Engel und Putten, Stuck und Spiegel: Die Prinzenbar im ersten Stock des Docks könnte es locker mit so manchem rotlichternem Etablissement in der Nachbarschaft aufnehmen. Sogar die am Hamburger Musik-Geschehen eher desinteressierte "Bild-Zeitung" zeigte sich begeistert, als anno '88 die pleite gegangene "Knopf's Music Hall" renoviert wurde und der neue Geschäftsführer Sönke Lohse ein Konzept für das Veranstaltungs- und Kulturzentrum Docks präsentierte. In dessen Rahmen war die historische Prinzenbar als Location für Live- und Tanzveranstaltungen sowie alle möglichen Events von der Vernissage bis zur Modenschau vorgesehen.

In den Folgejahren machte die Prinzenbar allerdings weniger als Laufsteg für Models oder Modefuzzis denn als intime Bühne für unbekanntere oder mit dem Nimbus des Geheimtipps behaftete Formationen auf sich aufmerksam. Das barock-kitschige Ambiente passt dabei ebensogut zu harten Gitarrensounds wie folkigeren Klängen und wurde selbst von musikalischen Puristinnen wie den Musikerinnen der Hamburger Frauenband Anaconda als gar nicht sexistisch, sondern richtig inspirierend empfunden. Von der mit schmiedeeisernem Geländer bewehrten Galerie aus haben die Besucher einen guten Blick auf das Bühnengeschehen, und wenn dann noch das Stroboskop zu blitzen anfängt und die Gesichter der Engelchen sich scheinbar in lebendige Mienen zu verwandeln scheinen, wird die Musik fast zur Nebensache.

PRINZENBAR
Kastanienallee 20 · 20359 Hamburg · Tel. 31 78 83 11

ZUM ELBBLICK

"Geduld, min Jung. Erst `n paar Songs, dann geht's ab in die Küche." Knut Balsam, "singender Wirt" in der Gaststätte Zum Elbblick, pendelt allabendlich zwischen Küche und Mikrophon hin und her, wohl wissend, es in beiden Metiers zum Kult gebracht zu haben. Denn mindestens ebenso berühmt wie seine Bratkartoffeln sind die Shanties und Lieder von der Meile, die Knut Balsam unter dem Künstlernamen Kuno gemeinsam mit Hermann am Schifferklavier seit Anfang der Neunziger hier zum Besten gibt. Für (nicht nur musikalische) Überraschungen gut ist vor allem der Montag, dann nämlich wird der Elbblick zur offenen

Bühne mit bis zu einem Dutzend Musikern, darunter so manches Urgestein aus der Hamburger Jazz- und Popszene. Jeden ersten und zweiten Freitag tritt im Elbblick außerdem die Band "Jazz geht's los" mit New-Orleans-Jazz auf.

Einer der Höhepunkte jeder Session ist, wenn Kuno seine eigenen Songs spielt, und nicht nur Thorsten Wendt von Hafenklang e. V. fragt sich, warum der Mann noch keinen Plattenvertrag hat - zumal die Live-Gastspiele, unter anderem im Golden Pudel Klub, Kunos Qualitäten auch als Performer unterstrichen haben. Aber was nicht ist, kann ja noch werden. Zu wünschen bliebe nur, dass Kuno auch als Plattenstar seiner Küche die Treue hält. Denn – und auch das muss in einem Musikbuch mal erlaubt sein zu sagen – die Bratkartoffeln sind wirklich der Hit.

ZUM ELBBLICK
Olbersweg 49 · 22767 Hamburg · Tel./Fax 380 62 98

... noch mehr Clubs und Musikkneipen:

ALTE ALTONAER FISCHAUKTIONSHALLE
Große Elbstraße/Fischmarkt · 22767 Hamburg · Tel. 54 20 16
Nach dem sonntäglichen Fischmarkt-Besuch darf ein Live-Frühschoppen in so einer echten Hamburger Fischhalle natürlich nicht fehlen, finden (nicht nur) Touristen.

BEI ANNA & RALF
Meiendorfer Straße 34 · 22145 Hamburg · Tel. 678 05 26
Wenn sich am Samstagabend plötzlich überproportional viele Trucks an der B 75 im Ortsausgang Rahlstedt stauen, so kann es sein, dass bei Anna & Ralf wieder ein Country-Konzert angesagt ist.

BLAUER PETER IV
Hamburger Berg 19 · 20359 Hamburg · Tel. 319 46 85
In der einstigen Seemannskneipe geht es immer noch hoch her, auch wenn statt Shanties und Rum jetzt Brit-Pop und Astra die Runde machen.

CAFÉ FLOP
Wentorfer Straße 26 · 21029 Hamburg · Tel. 721 13 00
Offiziell das Bergedorfer Jugendzentrum "Unser Haus e.V." Offen für Alternativ- und Indie-Bands.

CONSORTIUM
Neue Straße 55 · 21073 Hamburg · Tel. 77 25 42
Harburgs traditionelle Adresse für ebensolchen Jazz.

DOWNTOWN BLUES CLUB
Hindenburgstraße 2 · 22303 Hamburg · Tel. 27 50 54
Freitags spielen beim Downtown Blues Club im Landhaus Walter wieder
belebte Blues-Legenden ebenso wie Local-Heros. Ehemals in der Gertig-
straße, ist das Downtown jetzt im noblen Landhaus Walter untergebracht.
Jeweils freitags spielen hier immer noch existierende oder wieder belebte
Blues-Legenden zum nostalgischen Mitwippen auf. Wird's zu anstren-
gend, lässt sich draußen vor der Tür Stadtparkluft schnuppern.

ENTRÉE
Juliusstraße 13 · 22769 Hamburg · Tel. 430 40 42
Szene-Kneipe im Schanzenviertel, in der Ulrich Tukur nicht nur als Plakat
an der Wand hängt, sondern gelegentlich auch persönlich vorbeischaut.
Auf der winzigen Bühne mit dem leicht verstimmten Klavier kommt es zu
viel beklatschten Spontanauftritten.

FINNEGANS WAKE
Börsenbrücke 4 · 20457 Hamburg · Tel. 374 34 33
Typisch irischer Pub in der Innenstadt, in dem auch Banker und Broker
gerne mit einem Guinness auf den DAX anstoßen. Am Wochenende Live-
Musik mit allem, was die Grüne Insel an Gassenhauern zu bieten hat.

FINDBAR (Fundbureau)
Stresemannstraße 114 · 22769 Hamburg · Tel. 43 25 13 51
Die Bühne in dem ausgedienten Fundbüro der Deutschen Bahn steht für
Musiker und Künstler aller Bereiche offen, daneben gibt es eine ganze
Menge Happenings zwischen Avantgarde-Party und "lost art"- Auktionen.

FOGGY'S
Eimsbüttler Chaussee 29 · 20259 Hamburg · Tel. 430 27 35
Netter Irish Pub mit Live-Programm, das bisweilen sogar Musiker auf die
Bühne lässt, die Eigenes zu bieten haben.

G1
Gasstraße 4-6 · 22761 Hamburg · Tel. 89 07 07 00
Aus dem ehemaligen Bahrenfelder Gaswerk ist zwar industriell die Luft
raus, dafür ist es kulturell ein origineller Veranstaltungsort für Parties,
Events und Konzerte geworden.

GRÜNSPAN
Große Freiheit 58 · 22767 Hamburg · Tel. 31 36 16
Hamburgs dienstälteste Rock-Disco

IRISH ROVER
Großneumarkt 8 · 20459 Hamburg · Tel. 357 146 63
Früher in dem ehemaligen Antiquariat an der Großen Reichenstraße
ging's live-mäßig hoch her, heute zeigt sich der "Rumtreiber" bei aller
Gemütlichkeit eher zahm und maulfaul.

JAZZCLUB 13A
Beim Schlump 13a · 20144 Hamburg · Tel. 450 15 30
Nur keine Eile: Jeden ersten Dienstag im Monat ein Live-Forum für
zeitgenössischen Jazz.

JAZZFORUM BERGEDORF
Weidenbaumsweg 13 · 21029 Hamburg · Tel. 724 36 61
Die traditionelle Alternative im Bergedorfer Jazz-Spektrum.

LA PAZ
Heußweg 49 · 20255 Hamburg · Tel. 40 98 57
Eimsbüttels Szene-Treff ist Hamburgs älteste Kneipe mit Latino-Musik.
Richtige Konzerte sind äußerst selten, dafür kehren regelmäßig Musiker
zu Kurzgastspielen ein, denen man nach dem letzten "La-Bamba"-Akkord
einen kleinen Obolus in den Poncho wirft.

LA VIE
Schweriner Straße 2 · 22143 Hamburg · Tel. 677 61 04
In Rahlstedt ist das Leben für Gastronomen mit Live-Ambitionen ein har-
tes Brot. Dass La Vie-Chef Giovanni doch hin und wieder einen Schlager-
abend in sein Bistro-Restaurant zaubert, zeugt von grenzenlosem südlän-
dischem Optimismus.

LEHMITZ
Reeperbahn 22 · 20359 Hamburg · Tel. 31 46 41
Jeden Mittwoch spielt hier die Tequila-schwangere Hausband umsonst vor
Tequila-schwangerem Publikum.

LÜTT HUUS
Eulenkrugstraße 82 · 22359 Hamburg · Tel. 603 04 54
Solider und von den Bewohnern der Walddörfer gern frenquentierter Live-
Schuppen mit einem Oldie-freundlichen Programm zwischen Rock'n'Roll
und Pop-Rock, wobei etwaige Ausflüge in den Soul- oder gar HipHop-
Bereich nicht ausgeschlossen sind.

MOLLY MALLONE
Hans-Albers-Platz 15 · 20359 Hamburg · Tel. 31 01 96
Einmal mehr "Whiskey in the jar", wobei sich dieser Live-Pub von den
anderen vornehmlich dadurch unterscheidet, dass man als Drunken
Sailor Gefahr läuft, beim Heraustorkeln den Damen des Gewerbes ins
Netz zu gehen.

SCHILLEROPER
Bei der Schilleroper 14 · 22767 Hamburg · Tel. 43 25 34 44
Avantgarde und garantiert GEMA-freie musikalische Spektakel in
Wohnzimmer-Feeling im ehemaligen Opernhaus.

SHAMROCK
Feldstraße 40 · 20357 Hamburg · Tel. 439 76 78
Ältester und stilvollster Irish Pub der Stadt. Live-Auftritte finden hier nur
noch selten statt, und wenn, dann ausschließlich mit Musikern von der
Grünen Insel, die das Songreinheitsgebot ihrer Heimat zu wahren wissen.

THOMAS READ
Nobistor 10 · 22767 Hamburg · Tel. 45 03 92 98
Irish Pub mit Live-Programm, dessen Horizont auch über die obligatori-
schen Standards hinausreicht.

TRÖTE
Neue Straße 56 · 21073 Hamburg · Tel. 765 65 15
Im Winterhalbjahr spielen hier Modern- und Freejazz-Gruppen, im
Sommer ist in dieser Hinsicht Trübsal blasen angesagt.

VILLAGE
Gertigstraße 57 · 22303 Hamburg · Tel. 279 84 84
Der Nachfolger des Downtown wartet samstags mit einem Live-Programm
zwischen Blues und Weltmusik auf.

WOODPECKER
Max-Brauer-Allee 86 · 22765 Hamburg · Tel. 38 25 56
Austragungsort gelegentlicher Blues- und Folk-Sessions.

ZWIEBEL
Elbtreppe 7 · 22763 Hamburg · Tel. 48 24 96
Winzige Kneipe am Museumshafen mit jahrzehntelanger Live-Tradition.
In den letzten Jahren ist es ruhiger geworden. Aber Totgesagte leben
bekanntlich länger.

In der Christians-Taschenbuchreihe
sind außerdem lieferbar:

KULTURZENTREN & KLEINKUNST

Die über ganz Hamburg verstreuten, öffentlich geförderten
Stadtteil- und Kulturzentren sind speziell für Musiker aus den
Bereichen Klassik, Jazz und Folklore gern frequentierte Auftritts-
orte, zusätzlich sind sie häufig erste Adressen für Nachwuchsbands. Mag mancher über den Pädagogen-Nimbus lächeln, der
manchen Häusern anhaftet, für periphere Regionen Hamburgs
sind sie unverzichtbare Veranstaltungsorte und einige – wie zum
Beispiel das LoLa in Bergedorf – haben sich gar zu einer echten
Alternative zu Kiez & Co entwickelt. Einen nicht unbeträchtlichen
Stellenwert im Hamburger Musikgeschehen nehmen auch die
Kleinkunstbühnen wahr, in denen auch so mancher Avantgardist
seine Chance erhält. Nachfolgend einige Kurzporträts aus der
"zweiten Garde" der Hamburger Live-Musikszene, die in manchen
Sparten die erste Geige spielt.

AGMA ZEITBÜHNE

Das Istituto Italiano de Cultura, das Hamburger Konservatorium,
der Verein Jazzhaus e. V. und die Gesellschaft für Neue Musik
sind Partner der 1996 eröffneten Agma-Zeitbühne, und diese
Partnerschaft deutet bereits wesentliche programmatische
Akzente der nicht zufällig neben dem Phantom der Oper gelege-
nen Kultureinrichtung an. Konzerte, Theater und Entertainment
sind die Schwerpunkte, wobei Wert darauf gelegt wird, dass die
Aufführungen in dem 150 Personen fassenden Konzertsaal einer-
seits ein Kontrastprogramm zum Hamburger Mainstream darstellen, sich andererseits aber auch "am Markt" behaupten, sprich
vom Publikum akzeptiert werden müssen.
Das Konzept will nicht bestimmte Zielgruppen bedienen, sondern
für alle Kulturinteressierten offen sein. Flamenco, Chanson und
osteuropäische Folklore sind hier ebenso zu Hause wie instru-
mentale und vokale Musik aus dem klassischen Bereich oder
A-cappella-Comedy, Kabarett und Improvisationstheater. Der eine
oder andere Besucher macht unter der Woche bei einem der
zahlreichen Workshops mit, als da wären Flamenco (Gitarre-,
Gesang und Tanz), Percussion, Sprechkunst, Impro-Theater,
Kabarett und Chor. Den Künstlern bietet die Agma-Zeitbühne

ein professionelles Licht und Ton-Equipment inklusive Konzertflügel. Die Programmplanung hat einen Vorlauf von mindestens einem halben Jahr, so dass Interessierte ein wenig Geduld mitbringen müssen.

Übrigens: Wer schon immer mal wissen wollte, was sich hinter dem Kürzel Agma verbirgt, sollte einen Blick in den Stadtplan – genauer: die das Kulturzentrum umgebenden Straßen – werfen.

AGMA-ZEITBÜHNE
Gefionstraße 3 · 22769 Hamburg
Tel. 430 34 35 · Fax 439 53 34
www.agma-zeitbuehne.de

BIM – BÜRGERHAUS IN MEIENDORF

Das Bürgerhaus in Meiendorf – kurz BiM – entstand 1972 durch die Arbeit einer Bürgerinitiative als stadtteilbezogene Bildungs- und Kultureinrichtung. In dem vor kulturellen Angeboten nicht gerade überschäumenden Hamburger Osten rund um Rahlstedt hat sich das BiM im Laufe der nunmehr fast 30 Jahre zu einer festen Alternative im Bildungs- und Kulturleben rund um Rahlstedt entwickelt.

Im Rahmen der etwa einmal wöchentlich stattfindenden "kulturellen Sonderveranstaltungen" bieten die beiden hauptamtlichen Mitarbeiter Susanne Werner und Michael Goeschen speziell Folkloregruppen Gelegenheit, in dem etwa 100 Personen fassenden Saal aufzutreten. Das Ambiente ist schlicht, dafür weist der Raum eine Akustik auf, die sogar echten Unplugged-Einsatz erlaubt. Das Spektrum der bisher aufgetretenen Musikgruppen reicht vom Lautenduo über norddeutsche Folklore bis hin zu lateinamerikanischen Ensembles, auch Musikkabaretts werden regelmäßig berücksichtigt. 70 Prozent der Eintrittsgelder gehen an die Musiker, die allerdings selbst für die Anlage sorgen müssen. Die Betreuung ist pädagogisch korrekt bis herzlich. Nicht unwichtig ist auch, dass das einheimische Publikum Live-Musik noch wirklich zu schätzen weiß.

BIM · Saseler Straße 21 · 22149 Hamburg · Tel. 678 91 22

BRAKULA

Die Stadtteilkultur im Hamburger Nordosten wird vom Bramfelder Kulturladen e. V. – kurz Brakula – hochgehalten. In dem vom Verein selbst renovierten Bauernhaus beim Bramfelder Dorfplatz finden im Rahmen des Veranstaltungs- und Kursprogramms regelmäßig Konzerte statt. Die Bühne ist offen für alle Stilrichtungen, Formationen aus Hamburg und Umgebung werden bevorzugt. Jeden zweiten Donnerstag im Monat haben Newcomer Bands bei der Brakula Bands Night Gelegenheit, aus der Einsamkeit der Übungsbunker an die Öffentlichkeit zu treten und erste Feedbacks zu sammeln. Anfragen, Bewerbungen und Demo-Material sind an die Programm-Macherin Christine Glosemeyer zu richten.

BRAKULA – Bramfelder Kulturladen e.V.
Bramfelder Chaussee 265 · 22177 Hamburg
Tel. 642 170-0 · Fax 642 170 22 · www.brakula.de

JUGENDZENTRUM REINBEK

Verträumter geht's kaum: Im Schatten des Reinbeker Schlosses bietet das Jugendzentrum Reinbek Musikern und Bands aller Richtungen die Möglichkeit, die ehrwürdigen Mauern nebenan zum Zittern zu bringen.

Seit über 20 Jahren bereits existiert das von der Arbeiterwohlfahrt getragene Jugendzentrum und macht immer noch keinen müden Eindruck, im Gegenteil: Das Bühnen- und Lichtequipment stünde so manchem professionellen Live-Club gut zu Gesicht. Von September bis April dauert die Live-Saison mit jeweils zwei Wochenend-Veranstaltungen im Monat, wobei der für das Musikprogramm zuständige Mitarbeiter Uli Siebert nur ungern mehr als zwei Bands pro Abend auftreten lässt. Die Eintrittspreise sind durchweg sehr niedrig, 70 Prozent davon erhalten die Musiker.

JUGENDZENTRUM REINBEK
Schloßstraße 5-7 · 21465 Reinbek · Tel. 722 51 10

LOLA KULTURZENTRUM

Die Zeiten ändern sich: Als 1986 bekannt wurde, dass die Polizeiwache in der Lohbrügger Landstraße geschlossen würde, sah eine kleine Gruppe Unentwegter dies als Chance, große Ideen Wirklichkeit werden zu lassen, sprich Kultur nach Bergedorf zu tragen. 1994 schließlich wurde diese Vision Realität: Bergedorf hatte endlich sein Stadtteilkultur- und Veranstaltungszentrum, das LoLa, einen eingetragenen Verein, der von der Hamburger Kulturbehörde finanziert wird.

Mit etwa einem Dutzend kultureller Veranstaltungen pro Monat, neben Kabarett und Lesungen im Schnitt ein Drittel musikalischer Art, ist das LoLa für die Bergedorfer mehr als nur eine Alternative zur Hamburger Szene. Alex Schulz, der im Rahmen des sechsköpfigen Mitarbeiterteams für das Musikprogramm zuständig ist, versteht es, international angesagte Musiker und Bands zu verpflichten, die auch Publikum aus dem Umland ziehen. Lokale Formationen erhalten hierbei die Chance, als Support aufzutreten, was auf den ersten Blick ein wenig arrogant wirken mag, auf jeden Fall aber reizvoller ist, als ständig vor dem eigenen Bekanntenkreis zu spielen. Diese Programmpolitik zahlt sich aus: Der Veranstaltungssaal mit dem hübschen Vorhang ist nicht selten ausverkauft, das Presseecho für ein Kulturzentrum beachtlich.

LOLA Kulturzentrum
Lohbrügger Landstraße 8 · 21033 Hamburg
Tel. 724 77 35 · Fax 724 44 38

MONSUN THEATER

Der Mix macht's: Ein wenig versteckt gegenüber den Zeise-Hallen gelegen, bietet das monsun theater neben Tanzperformance und zeitgemäßem Sprechtheater ein Forum für Musik zwischen Klassik und Modern-Jazz.

Monsun-Chefin Ulrike von Kieseritzky setzt bei der Auswahl des Musikprogramms auf Darbietungen, die das intime Ambiente des Saales (zwei Flügel) und dessen hervorragende Akustik zu nutzen wissen. Dazu zählen Kammermusik und Liederabende ebenso wie das einmal jährlich stattfindende Real-Time-Music-Festival mit experimentellem Jazz oder der "Russische Salon" mit Auftritten osteuropäischer Künstler. Überhaupt ist es die Neugier am Neuen und an künstlerischer Fusion und Grenzüberschreitung, die den Reiz des seit 1980 bestehenden Theaters ausmachen, und zwar längst nicht nur für jene, die unter der Woche das angeschlossene Café und Bistro als inspirierenden Rahmen für intellektuelle Kurzweil beim Durchblättern des Feuilletons nutzen oder an den zahlreichen Workshops teilnehmen. Die studierte Politologin Ulrike von Kieseritzky, selber aus einer Künstlerfamilie stammend und über "Umwege", unter anderem als langjährige Pressesprecherin des Umweltsenators, Radio-Korah-Initiatorin und Autorin, nun als Kulturmanagerin sozusagen "back to the roots", will das monsun theater auch in Zukunft für innovative und kritische Kunst offen halten. In Zeiten, in denen von Betreibern kleiner Theater und Clubs allgemein von einer Kulturkrise gejammert wird, sicherlich kein leichtes Unterfangen, aber eine Alternative allemal.

MONSUN THEATER · Friedensallee 20 · 22765 Hamburg
Tel. 390 31 48 · Fax 390 64 41

MS STUBNITZ

1991 wurde das Motorschiff Stubnitz, damals Kühl- und Transportschiff der DDR-Hochseefischerei, durch Verkauf an eine kleine Gruppe von Künstlern vor der Verschrottung gerettet. Die Idee hinter der Aktion: ein mobiles Zentrum für Kunst, Kultur und Produktion. Mit viel persönlichem und finanziellem Aufwand wurde das Schiff flott gemacht und besucht seitdem als schwimmendes Kulturforum die Häfen Europas.

Im Juni 2000 war die MS Stubnitz zu Gast an der Hamburger Überseebrücke. Mit täglich wechselnden Live- und Clubveranstaltungen war sie die unbestrittene Nummer Eins im Musikprogramm dieses Monats. Das stählerne Ambiente trug sein Übriges dazu bei, dass die auf den insgesamt drei Decks stattfindenden Events entsprechenden Anklang fanden. Nicht wenige Szenegänger waren also traurig, als der Anker wieder gelichtet wurde. Nun liegen der Heimathafen Rostock und Hamburg nicht so weit auseinander, so dass davon ausgegangen werden darf, dass dies nicht der letzte Besuch des Motorschiffes in der Hansestadt war.

MS STUBNITZ
Tel. 0170 / 70 24 251 · www.stubnitz.com

RIECKHOF

Eine der letzten Amtshandlungen von Hamburgs ehemaligem Bürgermeister Hans-Ulrich Klose bestand darin, dass Harburg endlich sein Veranstaltungszentrum bekam. Jörn Hansen, von Anfang an Mitinitiator des Projektes und Geschäftsführer vom Rieckhof, ist ihm noch heute dankbar dafür, schließlich liegt das 1984 eröffnete Kultur- und Veranstaltungszentrum praktisch mitten im

Stadtzentrum und beherbergt seit Mai 2000 sogar einen Biergarten. Wie alle Hamburger Veranstaltungszentren bietet der Rieckhof die gesamte Palette von Kultur bis Kneipe an. Der Musikbereich macht etwa ein Viertel des Programms aus, wobei als regelmäßige Live-Veranstaltung das einmal monatlich stattfindende Da Punch-Spektakel über die Bühne geht – ein Forum vor allem für lokale Bands. Jörn Hansen ebenso wie sein für die Koordination des Programms zuständiger Kollege Jan Permien setzen bei dieser wie bei den übrigen Musikveranstaltungen auf konsequentes Preisdumping. Der Eintritt ist in der Regel frei bzw. mehr oder minder symbolisch. Bandhonorare werden aus dem hauseigenen Etat beglichen. Bemerkenswert ist die in dem ein wenig an Ikea-Design erinnernden Ambiente des Veranstaltungssaales technisch gut bestückte Bühne, die den hier auftretenden Bands – bis auf HipHop gibt es keine programmatischen Einschränkungen – auch Raum zur physischen Entfaltung lässt.

RIECKHOF · Rieckhofstraße 12 · 21073 Hamburg
Tel. 766 202 26 · Fax 766 202 10 · www.rieckhof.de

SPIEKERHUS

Das im Volksdorfer Museumsdorf gelegene Spiekerhus stellt den passenden Rahmen für Klassisches. Der Saal mit dem rustikalen, historisch getreu restaurierten Ambiente dieses typischen Vertreters eines Niederdeutschen Hallenhauses wurde in der Vergangenheit auch von international renommierten Ensembles wie dem Auryn Quartett dem Hilliard-Ensemble oder der Musica Antiqua Köln für Konzerte genutzt. Damit auch der regionale Nachwuchs eine Chance bekommt, Auftrittserfahrungen zu sammeln, hat sich bereits 1975 der Verein Konzerte junger Künstler im Spiekerhus gegründet. Dessen Mitglieder, Spender und Sponsoren sorgen bis heute für ein Konzertangebot auf hohem Niveau, das stets für ein volles Auditorium sorgt. Der Schwerpunkt bei der Programmauswahl liegt im kammermusikalischen Repertoire von Barock bis Romantik, bisweilen gibt es aber auch Zeitgenössisches oder Folkloristisches zu hören. Ein aus Spenden und Mitgliedsbeiträgen finanzierter Flügel steht bereit. Ansprechpartnerin für die Gestaltung des Musikprogramms ist Angela Durry.

SPIEKERHUS
Im Alten Dorfe · 22359 Hamburg · Tel. 603 58 83

STARTLOCH

Seit 25 Jahren veranstaltet der Verein zur Förderung der kulturellen und politischen Bildung der Jugendlichen in Rahlstedt e.V. in der (Eigenaussage) "finstersten und letzten Ecke Hamburgs" Konzerte mit Bands aus der Punk- und Hardcore-Subkultur. Das Motto der Veranstalter zeugt von gesundem Pragmatismus und Überlebenswillen: "Bands, die bei uns spielen, können sich auf einiges gefasst machen, wir müssen auch schließlich immer auf alles gefasst sein, wenn uns ein Demo-Tape ins Haus schneit." Auf die berüchtigten "aussagekräftigen" Band-Infos wird kein gesteigerter Wert gelegt: "Ein netter Brief", so die Startloch-Crew, "tut's auch". Das Publikum honoriert derlei Engagement, zumal die Eintrittspreise nach wie vor von gestern sind und ein alternatives Kulturangebot auch morgen nicht zu finden sein wird.

STARTLOCH · Schimmelreiterweg 1 · 22149 Hamburg
Tel. 672 19 09 · Fax 673 79 51 · www.startloch.de

ZINNSCHMELZE

Barmbek gilt nicht gerade als avantgardistische Hochburg der Hansestadt, umso löblicher, dass seit 1989 die Zinnschmelze auf dem Gelände des Museums der Arbeit für ein kulturelles Kontrastprogramm zu den zahlreich vorhandenen Spielhallen und Videoshops des Viertels sorgt.

Bei knapp 20 Veranstaltungen im Monat, vom Bastelspaß für Kinder bis zum Literaturabend, wird hier auch Musikern ein Forum geboten, ihr Talent unter Beweis zu stellen. Unter Hip- und Trip-Hoppern und Breakdancern beliebt ist der einmal wöchentlich stattfindende Suburban Beatz-Leisure Club, dazwischen gibt es Live-Musik mit deutlich geringer Beats-per-minutes-Anzahl, von Fado, über kubanische Musik bis zur keltischen oder indischen Folklore. Gerne gesehen sind auch Frauenbands. In unregelmäßigen Abständen lädt das Swing-Tanzcafé zum nostalgischen Schwofen zu herrlich knisternden Schellack-Scheiben aus den Beständen des Barmbeker Schallarchivs.

Dorothée Puschmann, die für das Programm verantwortlich ist, kümmert sich engagiert und professionell um die Öffentlichkeitsarbeit zu den Veranstaltungen, so dass der mit 100 Besuchern ausgelastete Saal in der Regel gut frequentiert ist. Auftrittswillige müssen mit einer Vorplanungszeit von etwa drei Monaten rech-

nen. Eine kleine Anlage mit 8-Kanal-Mischpult sowie zwei Klavie-
re (eines davon in dem für akustische Darbietungen geeigneten
Theatersaal im oberen Stockwerk) stehen zur Verfügung, die
Auftrittskonditionen werden jeweils individuell abgesprochen.

ZINNSCHMELZE
Maurienstraße 19 · 22305 Hamburg
Tel. 299 20 21 · www.hamburg-online.de/zinnschmelze

... und auch hier gibt's ein Musikprogramm:

ATRIUM
Bernstorffstraße 93-95 · 22767 Hamburg · Tel. 430 77 16
In dem Café neben den Studio-Kinos gibt es auch so manche musika-
lische Leckerei, von Jazz über Chansons bis zu Opernarien.

FOOLS GARDEN
Lerchenstraße 113 · 22767 Hamburg · Tel. 43 65 82
In der ehemals im Uni-Viertel versteckten Hamburger Kleinkunst-Institu-
tion wechseln sich die musikalischen Darbietungen mit Poetry Slams,
Kabarett und manch anderer unterhaltsamer Form des Zeitvertreibs ab.

GOLDBEKHAUS
Moorfuhrtweg 9 · 22301 Hamburg · Tel. 27 87 02-0
Winterhudes Zentrum für Stadtteilkultur setzt in puncto Musik vornehmlich auf Jazz, Folklore und Weltmusik und wartet nebenher mit einer
formidablen Gastronomie auf.

HAUS DREI E.V.
Hospitalstraße 107 · 22767 Hamburg · Tel. 38 89 98
Frauenbewegtes Veranstaltungs- und Kommunikationszentrum, in dem
neben dem "Frauen Tanzcafé" und der "Altonacht"-Disco sporadisch
auch Konzerte stattfinden.

HONIGFABRIK
Industriestraße125-131 · 21107 Hamburg · Tel. 75 88 74
www.honigfabrik.de
Auf Europas größter Binneninsel Wilhelmsburg ist die "HoFa" eine der wenigen Anlaufstellen mit kulturellem Angebot. Nette Räume, die für Workshops ebenso genutzt werden wie für Theater- und Musikveranstaltungen.

KRATZMANN'SCHE KATE
Reinbeker Str. 3 · 22145 Stapelfeld · Tel. 677 59 22
Hübsch renovierte Bauernkate des Stapelfelder Kulturkreises (Nähe
Rahlstedt). Bietet Solisten und Ensembles vorwiegend aus dem klassi-
schen und folkloristischen Bereich Auftrittsmöglichkeiten in einem mit
hervorragender Akustik ausgestatteten, etwa 100 Personen fassenden
Veranstaltungssaal. Ein spielbereiter Flügel gehört zum Interieur.

MON MARTHE
Tarpenbekstraße 65 · 20251 Hamburg · Tel. 47 54 02
Der kleine Saal in Hamburgs ältester Kabarett-Bühne (seit 1974 unter
der Leitung von Marthe Friedrichs) bietet das intime Ambiente auch für
musikalische Darbietungen.

MOTTE
Eulenstraße 43 · 22765 Hamburg · Tel. 39 92 62-0
Ottensens Stadtteil- und Kulturzentrum bietet neben Partys und
Musik-Workshops auch Raum für Konzerte zwischen A-cappella und
zeitgenössischem Jazz.

ROTE FLORA
Schulterblatt 71 · 20357 Hamburg · Tel. 439 54 13
Abriss fordern die einen, Autonomie die anderen. Tatsache ist, dass die
Rote Flora ein durchaus nicht nur von "Chaoten" frequentiertes Kultur-
zentrum im Schanzenviertel ist, dessen Aura bei Rockkonzerten für
zusätzlichen Thrill sorgt.

SPECTRUM
Lohbrügger Markt 5 · 21031 Hamburg · Tel. 724 27 94
Kulturkneipe im Zentrum Bergedorfs. Von September bis Mai finden hier
regelmäßig Künstlerabende mit Kabarett, Chansons und Lesungen statt.

TROCKENDOCK
Spohrstraße 1 · 22083 Hamburg · Tel. 27 38 77
Der Name kommt nicht von ungefähr: Zu den Konzerten auf der tech-
nisch sehr gut ausgestatteten Bühne wird vor, während und nach dem
Konzert kein Alkohol ausgeschenkt! Bands wie Publikum soll damit die
Erfahrung vermittelt werden, dass sich der Rausch der Musik auch ohne
Drogen einstellen kann. Nüchtern betrachtet eine gute Idee.

VILLON
St. Georgs Kirchhof 7 · 20099 Hamburg · Tel. 24 92 93
Die kleine Bühne in dem 1976 von Monika Rahn eröffneten Weinlokal am
Hauptbahnhof bietet Auserlesenes zwischen Literatur und Musik von
Klassik bis Chanson. Zu den zumeist montags stattfindenden Veranstal-
tungen treffen sich Szene-Intellektuelle ebenso wie verliebte Pärchen und
freuen sich, dass es solche Etablissements noch gibt.

WERKSTATT 3
Nernstweg 32-34 · 22765 Hamburg · Tel. 39 21 91
Das Dritte Welt Zentrum in Hamburg bietet neben vielen Veranstaltungen
zu Kultur- und Frauenthemen immer wieder auch Konzerte aus dem
Bereich Weltmusik.

WESTWERK E.V.
Admiralitätsstraße 74 · 20459 Hamburg · Tel. 36 39 03
Der Verein stellt die Räume für bildende Künstler und Musiker mit Mut
zum Experimentellen zur Verfügung.

HAMBURG FÜR PROFIS

HAMBURG FÜR PROFIS

Instrumentengeschäfte, Clubs und Veranstaltungszentren sind die auffälligsten Merkmale der musikalischen Infrastruktur einer Stadt. Hinter dieser "Szene" befindet sich eine, die auf der einen Seite geprägt ist von einem dichten Netz an Initiativen, Kontakt- und Informationsforen, auf der anderen Seite von dem gesamten Bereich des Musikbusiness zwischen Agenturen, Labels und Musikverlagen, der gerade für den Ruf Hamburgs als Medienstadt stets eine große Rolle gespielt hat – und weiterhin spielt.

AGENTUREN, SCHALLPLATTENLABELS & MUSIKVERLAGE

Musik und Marketing – für viele Musiker sind das zwei Paar Schuh. Zwar träumt fast jede Band vom Schallplattenvertrag, der Weg dahin scheint jedoch von Zufall und Glück geprägt. So hat vor Jahren ein Musiker-Magazin die Probe aufs Exempel gemacht und unter dem Bandnamen "Empty Rooms" Demobänder an alle wichtigen Plattenfirmen geschickt. Diese kamen nach Wochen erwartungsgemäß wieder zurück, häufig mit mutmachenden Begleitschreiben versehen, in denen es zum Beispiel hieß: "gefällt uns ganz gut, passt zur Zeit aber leider nicht in unser Repertoire". Kein Wunder – denn die Bänder waren leer (empty, sozusagen). Tatsache ist, dass die Schallplattenfirmen täglich mit Demo-Bändern und -CDs bombardiert werden. Tatsache ist auch, dass die zuständigen A & R-Manager ("Artist & Repertoire") nur ein paar Sekunden in die Songs hineinhören, um sie dann in der Regel an die Sekretärin zum Eintüten weiterzuleiten.

Um dem vorprogrammierten Frust aus dem Wege zu gehen, sollte man sich auch mit der professionellen bzw. kommerziellen Seite der Musik beschäftigen. Ob man sich nun an eine Künstleragentur wendet, um Live-Erfahrungen zu sammeln, an einen Musikverlag (kümmert sich um die Rechteverwertung, Tantiemen, GEMA etc.) oder direkt an eine Schallplattenfirma (Vertrieb und Marketing des Tonträgers), muss letztlich jeder selbst entscheiden. Einen guten, da praxisnahen Einblick in diese Materie bietet der 1999 im Schwarzkopf & Schwarzkopf-Verlag veröffentlichte "Musiker Guide" von Christian Hentschel (ISBN 3-89602-314-4, DM 29,80), in dem der Autor zahlreiche Insider-Tipps für Musiker vom ersten Konzert bis zum Plattenvertrag zusammengestellt hat.

Und auch hier haben Stars von morgen eine Chance: Der JazZ-Soul Artistpool macht als relativ neue Hamburger Künstler- und Event-Agentur mächtig Dampf in allen Bereichen. Geschäftsführer Jochen Bantz, immer auf der Suche nach "Vollblutmusikern" für seine Veranstaltungs-Kunden, gibt den Bands und Musikern auch einmal monatlich im JazZSoul-Club im alten Erotic Art Museum in der Erichstraße Gelegenheit zum Auftritt.

Möglicherweise eine andere Vorstellung von "Vollblutmusikern" haben die Mitarbeiter von Blindfish Promotion oder das Golden-

HipHop-Hochburg: Sylvan Subsonic Records in der Bogenstraße

Pudel-Klub-freundliche Hinterzimmer. Sollten jemand diese Namen nicht geläufig sein, so wäre das nicht so schlimm wie bei dem Namen Karsten Jahnke, dessen Konzertagentur noch immer zu den größten in Hamburg gehört und sich auch nicht vor der Organisation von Superkonzerten im Volksparkstadion scheut. Besuchern klassischer Konzerte dürfte der Name Konzertdirektion Collien von den Plakaten her ein Begriff sein. Unter den Hamburger Musikverlagen eine führende Rolle spielen die Internationalen Musikverlage Hans Sikorski. 1935 in Berlin gegründet und seit 1946 in Hamburg ansässig, umfasst die Sikorski-Gruppe mehr als 30 Verlage in Deutschland, sechs weiteren europäischen Ländern sowie den USA. Das Verlagsprogramm beinhaltet sowohl E-Musik aller Sparten als auch Unterhaltungsmusik im weitesten Sinne. In den letzten Jahren ist auch der Bereich "Musik für Kinder" zu einem Schwerpunkt geworden.

Eine in Hamburg ansässige Verlagsgröße im U-Musik-Bereich ist Warner/Chappell mit Sitz in der Hallerstraße. Im Katalog tummeln sich die Reichen und Erfolgreichen der Branche. Der Gold-Musikverlag, Golden House Records und Lado-Musik sind ein (Hamburger) Beispiel dafür, dass die "kleinen" Schallplattenfirmen durchaus das Salz in der Suppe ausmachen können. Lado, die auch für Nicht-Frankophile merkbare Version von L'AGE D'OR, jenem Label, aus dem die viel zitierte "Hamburger Schule" ihre Reifeprüfung machte und sogar bei dem Riesen Polydor Anklang fand. Die Hamburger Schule mit Bands wie Tocotronic, den Goldenen Zitronen oder Blumfeld machte deutsche Texte auch abseits der Schlagerreime konsumfähig. Zu erfolgreich werden – zu gemein war der Ausverkauf der Neuen Deutschen Welle in den 80ern – soll es nach L'AGE D'OR-Gründer Carol von Rautenkranz allerdings nicht werden.
Ob Yo MaMa-Chef Andre Luth Angst vor Erfolg hat, ist weniger klar. Die Hamburger HipHop-Szene gilt als musikalisch führend in Deutschland, und die Vertreter von Ferris MC bis Absolute

Beginner sind bei Yo MaMa oder dem Eimsbush-Label zu Hause. Ob die A & R-Profis von BMG-Ariola, der Warner-Tochter und Teldec-Nachfolgerin eastwest oder WEA auf den HipHop-Zug aufspringen, wird sich zeigen. Bereits bei dem HipHop-Festival Flash 2000 in Hamburg war von Kommerzialisierung und Ausverkauf dieser Jugendkultur die Rede.

KÜNSTLERAGENTUREN

ALSTER MUSIC & SHOW SERVICE
Schrammsweg 26 · 20249 Hamburg · Tel. 422 55 13 · Fax 420 50 42
Musik-Events aller Richtungen, internationale Auswahl

BOOKING FACTORY HAMBURG
**Artists Agency GmbH · Gaußstraße 128-138 · 22765 Hamburg
Tel. 39 90 17 81 · Fax 39 90 17 83 · E-Mail: bookingfac@aol.com**
Künstlervermittlung, Promotion

FUN FACTORY
Koppel 102 · 20099 Hamburg · Tel. 280 33 78 · Fax 28 05 40 69
Künstlervermittlung, Musikproduktionen, Events

HINTERZIMMER
Kleine Freiheit 1 · 22767 Hamburg · Tel. 317 16 58 · Fax 319 60 69
Spezialisiert auf die Vermittlung Hamburger Bands

INTERNATIONALE KAPELLEN AGENTUR
Anni Schilinsky · Immenhof 23 · 22087 Hamburg · Tel. 22 33 61
Alle Arten v. Veranstaltungen, Betriebsfeste, Galas

JAZZSOUL ARTISTPOOL
**Budapester Straße 38 · 20359 Hamburg · Tel. 333 99 133 · Fax 333 99 100
E-Mail: artistpool@event-store.de · www.event-store.de**
Events aller Art, Künstlervermittlung speziell im Bereich Jazz, Soul und Funk

PHÖNIX KULTUR KONTOR
**Mühlenkamp 37 · 22303 Hamburg · Tel. 278 02 03 · Fax 270 08 42
E-Mail: phoenixkk@aol.com · www.members.aol.com/phoenixkk**
Alle Arten von Events, Promotion, Künstlervermittlung

STARS UNLIMITED
**Künstlervermittlung GmbH & Co KG · Poolstraße 21 · 20355 Hamburg
Tel. 34 14 29 · Fax 35 71 96 65**
Audition- & Casting-Service, Produktionsberatung, Künstlervermittlung

TIEDEMANN "ART PRODUCTION" GMBH
**Wendenstraße 331 · 20537 Hamburg · Tel. 25 63 98 · Fax 25 66 46
E-Mail: tiedemann@tiedemann.de · www.tiedemann.de**
Musik- und Künstler-Agentur für alle Events

KONZERTAGENTUREN

BLINDFISH PROMOTION
Kronprinzenstraße 54 · 22587 Hamburg · Tel. 44 13 43

KONZERTDIREKTION KURT COLLIEN
Spielbudenplatz 29 · 20359 Hamburg · Tel. 31 39 01/ -02 · Fax 319 19 19

KONZERTBÜRO DOCKS UND GROSSE FREIHEIT
Schmuckstraße 15 · 20359 Hamburg · Tel. 31 77 78 20 · Fax 31 77 78 31

FUNKE KONZERTDIREKTION
Hansastraße 1 · 20144 Hamburg · Tel. 45 01 10 10 · Fax 45 01 10 20

HAMBURGER THEATER- UND KONZERT-KONTOR
Neuer Wall 39 · 20354 Hamburg · Tel. 374 25 95 · Fax 374 25 94

JÖRG HANNEMANN KONZERTAGENTUR
Haynstraße 15 · 20249 Hamburg · Tel. 480 75 75 · Fax 48 62 81

KARSTEN JAHNKE GMBH KONZERTDIREKTION
Hallerstraße 72 · 20146 Hamburg · Tel. 41 47 88 0 · Fax 44 35 97

SCHÖLERMANN KONZERTAGENTUR
Neß 1 · 20457 Hamburg · Tel. 36 26 22 · Fax 27 13 33

MUSIKVERLAGE

AMV ALSTER-MUSIKVERLAGS-GMBH
Bramfelder Chaussee 238c · 22177 Hamburg
Tel. 64 21 43 0 · Fax 64 21 43 43
E-Mail: public_propaganda@subaudio.net · www.subaudio.net

FREIBANK MUSIKVERLAGS- UND VERMARKTUNGSGESELLSCHAFT GMBH
Dietmar-Koel-Straße 26 · 20459 Hamburg
Tel. 31 00 90 · Fax 31 34 11
E-Mail: info@freibank.com · www.freibank.com

GOLD MUSIKVERLAG
Max-Brauer-Allee 163 · 22765 Hamburg
Tel. 43 16 64 30 · Fax 34 16 64 45
E-Mail: gold@lado.de · www.lado.de

INTERNATIONALE MUSIKVERLAGE HANS SIKORSKI
Johnsallee 23 · 20148 Hamburg · Tel. 41 41 00 0 · Fax 41 41 00 40
E-Mail: webmaster@sikorski.de · www.sikorski.de

JA/NEIN MUSIKVERLAG GMBH
Hallerstraße 72 · 20146 Hamburg · Tel. 410 21 61 · Fax 44 88 50
E-Mail: Janeinmv@aol.com

PEER MUSIKVERLAG GMBH
Mühlenkamp 43 · 22303 Hamburg · Tel. 27 83 79 0 · Fax 27 83 79 40
www.peermusic.com

RONDOR MUSIKVERLAG GMBH
Hoheluftchaussee 108 · 20253 Hamburg
Tel. 46 86 34 0 · Fax 46 86 34 16

SMV SCHACHT MUSIKVERLAGE GMBH
Steinhöft 5-7 · 20459 Hamburg · Tel. 37 41 12 0 · Fax 37 51 81 81
E-Mail: all.smv.de · www.smv.de

WARNER / CHAPPELL MUSIC GMBH
Hallerstraße 40 · 20146 Hamburg · Tel. 44 18 02 0 · Fax 45 33 27

SCHALLPLATTENFIRMEN / LABELS

ARC MUSIK VERTRIEB GMBH
Eiffestraße 422 · 20537 Hamburg · Tel. 251 30 45 · Fax 250 77 05
E-Mail: archh@t-online.de · www.arcmusic.co.uk

BMG ARIOLA HAMBURG GMBH
Osterstraße 116 · 20259 Hamburg · Tel. 490 69 0 · Fax 490 69 101
www.bmg.de

BOB'S MUSIC
Postfach 61 11 14 · 22437 Hamburg · Tel. 559 28 38 · Fax 550 32 39

CERATON MUSIC
Herrmannstal 43 · 22119 Hamburg · Tel. 651 71 84 · Fax 655 61 25

COOKING VINYL / JVC
Bramfelder Chaussee 238c · 22177 Hamburg
Tel. 64 21 43 0 · Fax 64 21 43 43 · www.cookingvinyl.com

DEUTSCHE GRAMMOPHON
Alte Rabenstraße 2 · 20148 Hamburg · Tel. 441 81 0 · Fax 441 81 88

EAST WEST RECORDS GMBH
Heußweg 25 · 20255 Hamburg
Tel. 490 62 0 · Fax 490 62 267 · www.eastwest.de

EDEL-RECORDS
Wichmannstraße 4 · 22607 Hamburg
Tel. 89 08 50 · Fax 89 08 53 20 · www.edel.de

EIMSBUSH ENTERTAINMENT
Postfach 20 17 42 · 20207 Hamburg · www.eimsbush.de

GLASNOST MUSIC
Glockengießerwall 17 · 20095 Hamburg
Tel. 76 91 08 41 · Fax 76 91 08 42 · www.glasnost.com

GOLDEN HOUSE RECORDS
Verlag und Label · Wrangelstraße 15 · 20253 Hamburg
Tel. 040/420 20 30
Homepage: www.goldenhouse.de

LADO MUSIK GMBH
Max-Brauer-Allee 163 · 22765 Hamburg
Tel. 43 16 64 0 · Fax 43 16 64 44 · E-Mail: info@lado.de · www.lado.de

LINE MUSIC GMBH
Gärtnerstraße 18 · 20253 Hamburg · Tel. 420 73 04 · Fax 420 71 73

MOST / KCE
Postfach 63 04 36 · 22314 Hamburg · Tel./Fax 50 26 23
E-Mail: mostrec@aol.com

POLYDOR
Glockengießerwall 3 · 20095 Hamburg
Tel. 30 87 02 · Fax 30 87 329 · www.polydor.de

TELDEC CLASSICS INTERNATIONAL GMBH
Schubertstraße 5-9 · 22083 Hamburg · Tel. 229 32 0 · Fax 229 32 230

VOICE POP RECORDS
Osterstraße 92, 20259 Hamburg · Tel. 40 19 00 0 · Fax 40 19 00 10

WEA RECORDS
Arndtstraße 16 · 22085 Hamburg · Tel. 22 80 50 · Fax 22 80 52 97
www.wea.de

WHAT'S SO FUNNY ABOUT / ZICKZACK
Schanzenstraße 75-77 · 20357 Hamburg
Tel. 439 55 18 · Fax 430 25 65

YO MAMA'S RECORDING COMPANY GMBH
Große Johannisstraße 13 · 20457 Hamburg
Tel. 37 41 28 0 · Fax 37 41 28 28 · www.yomama.de

CHÖRE

Singen macht Laune, und das nicht nur allein in der häuslichen Badewanne (zumal der Nachbar danach weniger gut gelaunt sein könnte). Hamburg hat in den letzten beiden Jahrzehnten eine wahre Chor-Renaissance erlebt. Inzwischen sind von der Bach-Kantate bis zum Abba-Hit alle musikalischen Stilrichtungen vertreten, und auch das Vorurteil von Uniformiertheit oder Spießigkeit gehört längst in die Klamottenkiste. Hamburg und das nähere Umfeld haben annähernd 150 Chöre zu bieten, den "klassischen" Kirchenchor ebenso wie den traditionellen Betriebs- oder den lesbischen Frauenchor. Die musikalischen Ansprüche reichen vom lustvollen Frustrauslassen bis zur bühnenreifen Präsentation oder CD-Produktion, entsprechend erstrecken sich die Aufnahmemodalitäten vom strengen Vorsingen bis zum bloßen Mitbringen guter Laune. Durchweg günstig sind die Monatsbeiträge von durchschnittlich etwa 30 Mark.

Nicht zu unterschätzen ist der gesellige Aspekt, den Chöre seit jeher hatten, zumal in einer Single-Metropole wie Hamburg. Erfolgversprechender als auf kostspieligen Wanderungen über die Piste trifft man/frau hier häufig Gleichgesinnte bzw. -altrige mit ähnlichen Interessenlagen, deren Inhalte sich auch nach der Probe in jeder Beziehung vertiefen lassen.

Um den richtigen Chor zu finden, gibt es verschiedene Wege. Einen vollständigen, vorzüglich recherchierten und ansprechend gestalteten Überblick der Hamburger Chorszene in Einzelporträts liefert das 2000 erschienene Buch "Chöre in Hamburg" von Thomas Schaefer (Thomas Schaefer · "Chöre in Hamburg" Thomas Schaefer-Verlag · Bremen · ISBN 3-9806499-1-1 · DM 34,80). Jedem Chor ist eine Doppelseite mit informativem Text plus Foto gewidmet, zusätzlich finden sich hier nicht nur Telefonnummern und Namen der Ansprechpartner, sondern auch eine praxisnahe Systematisierung nach Stimmaufteilung, Beitrittsbedingungen, Beiträgen und Probeterminen, ferner – falls vorhanden – diskografischen Hinweisen sowie Internetadressen.

Eine profunde Informationsquelle ist der aus dem Hamburger Sängerbund hervorgegangene Hamburger Chorverband.

HAMBURGER CHORVERBAND E.V. · **Gertrud Schüttler (Präsidentin)**
Große Str. 57 · 21465 Reinbek
Tel. (04104) 71 91 · Fax (04104) 96 15 31

Hier sind über 110 hiesige Chöre registriert. Als einer von 25 Einzelverbänden ist der Chorverband Mitglied im Deutschen Sängerbund e. V., der weltweit größten Dachorganisation von Laienchorsängerinnen und -sängern. Regelmäßig werden Aus- und Fortbildungsmöglichkeiten für Chorleiter/innen, Chorvorstände und Sänger/innen angeboten sowie regionale und überregionale Konzerte organisiert.

Als Interessenvertretung profilierter und besonders ambitionierter Laienchöre versteht sich der Verband Deutscher Konzertchöre (VDKC), in dessen Landesverband Nordwest unter anderem die Altonaer Singakademie, der Bergedorfer Kammerchor, Cantemus Kinderchor, das Ensemble Vocal, der Neue Knabenchor Hamburg sowie der Philharmonia Chor und der Symphonische Chor vertreten sind. Vergleichbar mit dem Chorverband Hamburg finden auch hier Seminare zur Fortbildung und zum Erfahrungsaustausch statt. Zu den Aktivitäten des VDKC gehören ferner die Vergabe von Kompositionsaufträgen und die Ausschreibung von Kompositionswettbewerben.

VERBAND DEUTSCHER KONZERTCHÖRE (VDKC)
Landesverband Nordwest · Prof. Hans Gebhard (Vors.)
Südweg 23 · 26135 Oldenburg
Tel. (0441) 20 14 94 · Fax (0441) 20 25 24

Als Beispiel eines relativ jungen und in puncto Mitgliederwerbung sehr rührigen Hamburger Einzelchores sei stellvertretend der Popchor genannt. Wolfgang Jaeger, der den Popchor 1984 als private Einrichtung gegründet hat, bietet inzwischen sieben Chöre in den Sparten Pop, Jazz, Gospel und Musical an, die bis auf einige fortgeschrittene Kurse, bei denen es vorab einen Test gibt, auch Unerfahrenen offen stehen. Wolfgang Jaeger kümmert sich auch um Auftrittsmöglichkeiten, vom Logo bis zur Musikhalle.

POPCHOR
Freizeitzentrum und Schule für Popmusik, Pop, Gospel, Jazz
Oelkersallee 33 · 22769 Hamburg · Tel. 43 50 80

Eine gute Kontaktstelle für die ersten Schritte zum gemeinsamen Gesang sind auch die Stimmbildungskurse der Hamburger Volkshochschule, die in jedem Bezirk angeboten werden (s. S. 115). Zwar kann grundsätzlich jeder Mensch singen, ein gewisses Fundament in der Atemtechnik kann aber niemals schaden und unterstützt nebenbei das körperliche wie seelische Wohlbefinden.

MUSIKFÖRDERUNG & WETTBEWERBE

Für Musiker aller Richtungen sind Wettbewerbe und Förderpreise häufig das erste und mithin wichtigste Sprungbrett in eine professionelle künstlerische Karriere. Begrüßenswert ist dabei, dass parallel zu den öffentlich geförderten Maßnahmen wie "Jugend musiziert" immer mehr private Unternehmen die Musik als lohnendes Feld für öffentlichkeitswirksame Aktionen entdeckt haben. Mag mancher Kunst-Fundamentalist über den Terminus "Kultursponsoring" die Nase rümpfen, bei Musikern genießen privat finanzierte Wettbewerbe wie der John-Lennon-Förderpreis oder die "Jugend kulturell"-Veranstaltungsreihe der Vereins- und Westbank ein hohes Renommee, wie die zahllosen Bewerbungen beweisen.

BRAHMS-WETTBEWERB

Durch den Brahms-Wettbewerb sollen begabte junge Instrumentalisten sowie Sängerinnen und Sänger (bis zum 32. Lebensjahr) gefördert werden, ferner Gesangs- und Kammermusik-Ensembles mit Klavier. Die Veranstaltung wird im zweijährigen Turnus seit 1983 abgehalten und hat wechselnde Sparten. Vergeben werden Geldpreise in einer Gesamthöhe von DM 30.000 bis DM 50.000. Stipendien und Studienaufenthalte im Brahms-Haus Baden-Baden sind ebenfalls vorgesehen. Eine Eigenbewerbung ist erforderlich.

JOHANNES BRAHMS-GESELLSCHAFT
Peterstraße 39 · 20355 Hamburg · Tel. 45 21 58

JOHN-LENNON-FÖRDERPREIS

Ein Name, der verpflichtet: Was 1991 als kleines, aber feines Projekt in Schleswig-Holstein begann, hat sich seit 1999 zu einem bundesweiten Modell entwickelt: der John-Lennon-Förderpreis –

Talent Award. Der alle zwei Jahre durchgeführte Wettbewerb kann als einer der erfolgreichsten im Bereich der populären Musik gelten, was sich auch in der mit jedem Turnus wachsenden Zahl an Sponsoren und Förderern widerspiegelt. Anfangs von der Itzehoer Versicherung und Radio Schleswig-Holstein ins Leben gerufen, gehören neben einer Vielzahl anderer Radiosender inzwischen auch Viva, die Deutsche Phonoakademie und die Kulturbehörde Hamburg dazu.

Teilnehmen am nächsten Talent Award 2001 können alle Rock/Pop-Gruppen oder Solisten, die ihren Wohnsitz in Deutschland haben. Es gibt keine Altersbegrenzung, allerdings dürfen seitens der Teilnehmer keine vertraglichen Bedingungen mit Produktions- oder Schallplattenfirmen (Ausnahme: Independent-Labels) bestanden haben oder bestehen. Einzureichen ist eine Demo-Kassette mit maximal vier Songs mit einer Titellänge von jeweils drei Minuten, wobei es für die Jury (bestehend aus Produzenten, Musikern und Fachjournalisten) vor allem auf Originalität, Spielwitz, Musikalität und Präsentation ankommt. Die Auserwählten verpflichten sich, an den Veranstaltungen im Rahmen des John-Lennon-Förderpreises teilzunehmen, wozu die Vorauswahlkonzerte ebenso gehören wie das "Finale". Neben einer finanziellen Förderung gibt es ein umfangreiches Coaching-Programm als Gewinn für alle in die Vorausscheidung gelangten Musiker und Bands.

ITZEHOER VERSICHERUNGEN · Stichwort: Talent Award 2001
Hansestraße 10 · 25521 Itzehoe
www.john-lennon-foerderpreis.de
E-Mail: info@talent-award.de

JUGEND KULTURELL

Bühne frei für den Nachwuchs: Seit 1981 fördert die Vereins- und Westbank junge Künstler aus den Bereichen Literatur, Darstellende Kunst und Musik von Pop bis Klassik. Im Zentrum dieses Engagements steht die Veranstaltungsreihe Jugend kulturell. Bei regelmäßigen Veranstaltungen und Konzerten in Hamburg und Harburg, darüber hinaus in Hannover, Kiel, Lübeck, Magdeburg, Schwerin und Rostock können junge Künstler ihr Talent vor Publikum unter Beweis stellen. Der Eintritt ist kostenlos.

Für jeden Jugend kulturell-Standort stellt ein eigener Beirat das jeweilige Programm zusammen. Diese Beiräte setzen sich aus

Repräsentanten kultureller Institutionen zusammen, darunter Vorsitzende und Leiter von Theatern, Musikschulen, Hochschulen, Fördervereinen und Medien.

Zusätzlich zu Jugend kulturell schreibt die Vereins- und Westbank seit 1994 den mit 25.000 Mark dotierten Jugend kulturell-Förderpreis für eine ausgesuchte Kunstsparte aus, so 1997 für den Bereich "Jazz und Verwandtes", 1999 für "Oper, Oratorium und Lied" und 2000 für das Musical. Bewerben können sich Solisten und Gruppen aus allen Bereichen der Musik, Literatur und Darstellenden Kunst, soweit sie nicht älter als 30 Jahre sind. Es genügt ein formloses Bewerbungsschreiben mit Demoband (Audio- oder Videokassette).

VEREINS- UND WESTBANK AG
ZB Unternehmenskommunikation · "Jugend kulturell"
Alter Wall 22 · 20457 Hamburg
Tel. 36 92 24 65 · Fax 36 92 31 76
E-Mail: jugend-kulturell@vuw.de · www.vuw.de

JUGEND MUSIZIERT

Die Wettbewerbe Jugend musiziert, die 1963/64 vom Deutschen Musikrat ins Leben gerufen wurden, gehören zu den bekanntesten und erfolgreichsten Unternehmungen der musikalischen Jugendbildung in der Bundesrepublik Deutschland. Jeweils für bestimmte Instrumente und Gesang ausgeschrieben, sprechen sie alljährlich viele junge Menschen an. Kinder und Jugendliche sollen hier ihr Können und ihr Talent einzeln und im Zusammenspiel demonstrieren. Der unter der Schirmherrschaft des Bundespräsidenten stehende Wettbewerb dient nicht nur als Anregung zum eigenen Musizieren, sondern auch der Förderung des musikalischen Nachwuchses und der Entdeckung musikalischer Frühbegabungen. Er wird in drei Phasen durchgeführt: Regionalwettbewerbe gehen dem jeweiligen Landes- und dem darauf folgenden Bundeswettbewerb voraus. An die Teilnehmer werden Urkunden, Sach- und Geldpreise vergeben. Zusätzlich werden zahlreiche Anschlussförderungen angeboten, wie zum Beispiel die Einladung in das Landes- und in das Bundesjugendorchester, des Weiteren Kurse für Kammermusik, Music-Camps, Konzerte und Begegnungen oder die Nominierung für internationale Wettbewerbe. Um auch in Zukunft die materiellen Voraussetzungen der musika-

lischen Jugendarbeit in Hamburg zu sichern, hat sich der Jugend musiziert-Förderverein Hamburg e.V. formiert, zu dessen Gründungsmitgliedern unter anderem Gerd Albrecht (ehem. Hamburgische Staatsoper), Günter Jena (ehem. St. Michaelis) und Helmut Schmidt (Alfred Toepfer Stiftung) gehören.

JUGEND MUSIZIERT
Hamburger Landesausschuss (auch Förderverein)
Christa Knauer · Wolffsonweg 15 · 22297 Hamburg
Tel. 51 54 58 · Fax 511 68 26 · E-Mail: jumulahh@aol.com

KULTURBEHÖRDE HAMBURG / FÖRDERUNGSMITTEL

Die Kulturbehörde Hamburg fördert unter der Überschrift Projektmittel Musik Musikveranstaltungen und -projekte für Hamburger Musikerinnen und Musiker, Ensembles, Gruppen, Chöre, Orchester und musikalische Vereinigungen in den Sparten Zeitgenössische Musik, Chor/Orchestermusik, Historische Aufführungspraxis, Kammermusik, Popularmusik, Jazz und "sonstige" Musikrichtungen. Gefördert werden außerdem der Ausbau von Übungsräumen sowie Veranstaltungen und Projekte aus dem Bereich Musik, die von besonderem kulturellem Stellenwert sind. Interessenten sollten ihre Förderanträge formlos stellen und mit Projektbeschreibung und Finanzierungsplan einreichen. Ansprechpartner sind Dr. Helmut Tschache (Tel. 428 24-214) und Riekje Weber (Tel. 428 24-211).

Die Clubprämie dient der Förderung von privaten Musikclubs und Musikinitiativen mit festem Spielort, die ein ambitioniertes Programm vorweisen können. Die Prämie wird jährlich von einer Jury im Auftrag der Kulturbehörde vergeben. Eine Eigenbewerbung ist notwendig. – Das Villa-Massimo-Stipendium umfasst einen einjährigen Studienaufenthalt in der deutschen Akademie Villa Massimo in Rom. Bewerber aus den Bereichen Bildende Kunst, Komposition, Architektur und Literatur dürfen das 40. Lebensjahr noch nicht vollendet haben. Das Stipendium (freie Unterkunft und monatlich DM 1.750 Mark Unterhaltszuschuss) wird in zweijährigem Turnus vergeben. – Seit 1997 hat die Kulturbehörde zusammen mit einem privaten Mäzen ein Artist-in-Residence-Stipendium für ausländische Künstlerinnen und Künstler aller Sparten eingerichtet. Zwei Wohnateliers stehen zur Verfügung. Die Kulturbehörde unterstützt jeden Gast mit einem monatlichen Stipendium von 2.000 DM.

Vorschläge für Gastkünstler können Hamburger Künstlergruppen, Vereine oder Institutionen einreichen, die einen bestimmten Künstler für zwei bis drei Monate einladen und betreuen möchten. Die Auswahl trifft ein spartenübergreifender Beirat aus der Hamburger Kulturszene jeweils im Vorjahr. Kontakt: Achim Könneke, Tel. 428 24-282.

KULTURBEHÖRDE HAMBURG
Hohe Bleichen 22 · 20354 Hamburg · Tel. 428 24-0

ROBERT-STOLZ-GESANGSWETTBEWERB

Der Robert-Stolz-Gesangswettbewerb fördert junge Sängerinnen und Sänger (bis zum Alter von 30 Jahren) im Bereich der gehobenen Unterhaltungsmusik. Gefordert wird unter anderem die Interpretation eines Robert-Stolz-Liedes. Vergeben werden drei Preise von DM 3.000 bis DM 1.000, außerdem winken Einladungen zu Opern- und Operettenkonzerten nach Hamburg. Finanziert wird auch ein Werbeprospekt für die Preisträger sowie die Vertretung durch eine Konzertagentur. Eine Eigenbewerbung ist erforderlich.

LTM HAMBURG E.V.
Landesverband der Tonkünstler und Musiklehrer
Steilshooper Straße 42 · 22305 Hamburg
Tel. 690 10 91 · Fax 690 10 92

INTERNATIONALER STEINWAY-KLAVIER-WETTBEWERB

Am Internationalen Steinway-Klavier-Wettbewerb können Kinder und Jugendliche teilnehmen, die am Tage des Wettbewerbkonzertes noch nicht 17 Jahre alt sind und sich noch nicht für ein Musikstudium immatrikuliert haben. Es findet eine Vorprüfung statt, in der namhafte Hamburger Klavierpädagogen die Teilnehmer an dem traditionell in der Hamburger Musikhalle ausgetragenen Wettbewerb ermitteln. Mitwirkende, die einen 1. oder 2. Preis errungen haben, können beim Landeswettbewerb "Jugend musiziert" Hamburg vorspielen und sich dabei für den Wettbewerb auf Bundesebene qualifizieren. Neben Geldpreisen werden auch Sonderpreise vergeben, so die Preise der Oscar und Vera Ritter-Stiftung, der Johannes Brahms-Gesellschaft sowie der Sonderpreis "Wiener Klassik" und der Publikumspreis.

STEINWAY & SONS · Service
Rondenbarg 10 · 22525 Hamburg · Tel. 85 39 11 94

STIMMTREFF

Seit zehn Jahren schreibt die Sängerakademie Hamburg mit
Stimmtreff einen Gesangswettbewerb aus, der sich bundesweit zu
einer festen Fördereinrichtung von Nachwuchssängern im Bereich
der Popularmusik etabliert hat. Ausgeschrieben wird der für
Laiensänger/innen aller Altersstufen offen stehende Wettbewerb in
den Bereichen Rock, Pop, Musical, Schlager, Chanson und Jazz.
Teilnehmer müssen zwei Stücke aus ihrem "Fach" vorbereiten,
willkommen sind Beiträge in deutscher Sprache und eigene Titel.
In den genannten Sparten werden jeweils sechs Preise à 1000
Mark vergeben. Für alle Endausscheidungsteilnehmer findet ein
kostenloser Workshop mit Musikexperten statt, ferner wird vom
Preisträgerkonzert eine Dokumentations-CD produziert, von der
jeder Preisträger bzw. jede Preisträgergruppe 50 Exemplare
erhält. Zusätzlich 1000 Mark gibt es beim Ernst-Bader-Sonder-
preis für den besten selbst verfassten deutschen Text.

> **SÄNGERAKADEMIE HAMBURG**
> **Hammer Landstraße 204 · 20537 Hamburg · Tel. 21 30 43**

YOUNG ART MEETS UNILEVER

Die Musik des 20. Jahrhunderts zum Erlebnis zu machen ist das
Ziel des im Herbst 2000 erstmals ausgetragenen Wettbewerbs
Young Art meets Unilever. Das Hamburger Unternehmen Unilever
will damit Jugend- und Schulmusik-Ensembles aus dem Raum
Hamburg fördern, die sich mit moderner E-Musik auseinander
setzen. Die Initiative steht unter der Schirmherrschaft des Gene-
ralmusikdirektors der Hamburgischen Staatsoper, Ingo Metzmacher, und ist gemeinsam mit der Hamburgischen Kulturstif-
tung entwickelt worden. Die Wettbewerbskonzerte finden im
Theatersaal der Unilever am Dammtorwall 15 statt.

> **YOUNG ART MEETS UNILEVER**
> **Hamburgische Kulturstiftung**
> **Burchardstraße 13 · 20095 Hamburg · Tel. 33 90 99**

MUSIKINITIATIVEN

Treffen sich eine Handvoll Deutsche, und das Erste, was sie machen – sie gründen einen Verein. Mag mancher über diese "typisch deutsche" Eigenschaft lächeln, so ganz von der Hand zu weisen ist der Nutzen von Vereinen und Interessenzusammenschlüssen nicht, im Gegenteil: Gerade für Musiker sind sie wertvolle Kontakt- und Informationsforen und bieten bei zumeist geringen Beiträgen praktische Unterstützung, egal ob als Laie oder Berufsmusiker.

In Hamburg ist der größte Teil der Musik(er)-Initiativen im Landesmusikrat der Freien und Hansestadt Hamburg organisiert. Praktisch das gesamte Spektrum des hiesigen Musiklebens wird von ihm abgedeckt, vom Chorverband über die Vereinigung der Trommler- & Pfeifenkorps bis hin zum Rockbüro.

AMT FÜR KIRCHENMUSIK

Das Amt für Kirchenmusik ist eine Dienststelle des Evangelisch-Lutherischen Kirchenkreisverbandes Hamburg in der Nordelbischen Ev.-Luth. Kirche. Das Kollegium bilden unter anderem alle Beauftragten für Kirchenmusik im bischöflichen Sprengel Hamburg. Sie vertreten die Kirchenmusiker aller Kirchenkreise und deren Arbeit in den einzelnen Kirchengemeinden.

Annähernd 18.000 Menschen engagieren sich in der Kirchenmusik, die in der hamburgischen Musikpflege damit einen herausragenden Faktor darstellt. Über Konzerte in Kirchen orientiert und informiert ein eigener, vom Amt für Kirchenmusik herausgegebener Veranstaltungskalender.

> **AMT FÜR KIRCHENMUSIK**
> Schillerstraße 7 · 22767 Hamburg
> Tel. 306 231 70 · Fax 306 23 159

ARBEITSKREIS MUSIK IN DER JUGEND E.V.

Die Hauptaufgaben des AMJ – Arbeitskreis Musik in der Jugend – Deutsche Förderation junger Chöre und Instrumentalgruppen e. V. liegen im Bereich der Jugendmusikpflege. Der AMJ ist ein Chorverband vor allem für Kinder- und Jugendchöre, Schul- und Hochschulchöre sowie für alle Erwachsenenchöre, die leistungsbezogen arbeiten und denen die Weiterbildungsangebote und das

internationale Profil des AMJ wichtig sind. Seine Mitgliedsgruppen
unterstützt der AMJ bei praktischen Problemen wie Vereinsrecht,
GEMA, Künstlersozialversicherung u. a., bei der Antragsstellung
für Zuschüsse aus öffentlichen Mitteln, bei der Schaffung nationaler und internationaler Chorkontakte und durch die kostenlose
Ausleihe aus der verbandseigenen Notenbibliothek mit über
2.000 Notensätzen. Der AMJ ist auch ein Kursverband, in dem
jährlich über 100 Kurse durchgeführt werden. Hier können
Kinder, Jugendliche, Erwachsene und Familien in Arbeitswochen
oder Wochenendkursen ihre musikalischen Fähigkeiten erweitern.
Chorleiter, Lehrer und Multiplikatoren erhalten die Möglichkeit zur
Weiterbildung und zum Austausch untereinander.

ARBEITSKREIS MUSIK IN DER JUGEND E.V. (AMJ)
Landesverband Hamburg · Diekkamp 47 a · 22359 Hamburg
Tel. 609 50 774 · Fax 609 50 778

BARMBEKER SCHALLARCHIV

Hinter dem Barmbeker Schallarchiv verbergen sich etwa 14.000
Schellackplatten, 5.000 Vinylplatten und rund 1.100 CDs aus den
persönlichen Archiven der beiden in Barmbek lebenden Sammler
Werner Prill und Reinhard Otto.
Das Repertoire kann ganz allgemein unter der Überschrift "Unterhaltungsmusik zwischen 1900 und 1990" zusammengefasst werden, wobei die Schwerpunkte in akustischen Aufnahmen der
Jahre 1900 bis 1925, Tanzmusik zwischen 1925 und 1945, ame-
rikanischer Jazz- und Swing-Musik bis 1950 sowie Aufnahmen
mit Hamburg-Bezug, Kuriositäten wie Werbeplatten und Klein-
kunst, speziell Tonfilmkünstler zwischen 1930 und 1950, liegen.
Die Aktivitäten des Barmbeker Schallarchivs beinhalten neben
der Pflege und dem Ausbau des Archivs die Durchführung von
Tanzcafés, so im Goldbekhaus, der Zinnschmelze, der Astoria-
Dancehall oder der Schilleroper. In Kooperation mit anderen Institutionen wie der Barmbeker Geschichtswerkstatt oder dem Swing
Bureau werden Vorträge organisiert, darüber hinaus sind Werner
Prill und Reinhard Otto auch Ansprechpartner für andere Samm-
ler oder Institutionen, die sich für ihre Schätze interessieren.

BARMBEKER SCHALLARCHIV
c/o Heimatmuseum und Geschichtswerkstatt Barmbek
Wiesendamm 25 · 22305 Hamburg
Tel. 29 13 07 · Fax 29 32 16

JOHANNES BRAHMS-GESELLSCHAFT

Die Johannes Brahms-Gesellschaft wurde 1969 gegründet. Laut Satzung hat der Verein die Aufgabe, "das Andenken an Johannes Brahms und sein Werk, seine Umwelt und seine Nachfolge zu pflegen."

Der von seinem Präsidenten Professor Eckart Besch geführte Verein, dem unter anderem Alt-Bundeskanzler Helmut Schmidt als Ehrenmitglied angehört, gibt die Brahms-Studien heraus, die als internationales Forum der Brahms-Forschung dienen. In ihnen werden wissenschaftliche Beiträge, musikalische Analysen, Artikel zu Leben und Werk sowie Brahmsiana aller Art veröffentlicht. Die Johannes-Brahms-Gesellschaft ist Initiator des alle zwei Jahre ausgetragenen Brahms-Wettbewerbs und hat im alten Beyling-Stift der Toepfer-Stiftung ein Brahms-Museum eingerichtet.

JOHANNES BRAHMS-GESELLSCHAFT
Internationale Vereinigung e.V.
Peterstraße 39 · 20355 Hamburg · Tel. 45 21 58

DEUTSCHER TONKÜNSTLERVERBAND

Im Deutschen Tonkünstlerverband (DTKV) sind musikerzieherisch und künstlerisch qualifizierte Musikpädagogen, Interpreten, Komponisten u. a. Musikschaffende zusammengeschlossen. Als ältester Berufsverband für Musiker ist der DTKV in allen Bundesländern vertreten. Der DTKV-Bundesverband hat seinen Sitz in München und bündelt von hier aus die Landesverbände zu einer starken kulturpolitischen Kraft. Der Verband vertritt seine Mitglieder unter anderem im Deutschen Kulturrat, im Deutschen Musikrat, in den Fachausschüssen mehrerer Bundesministerien und in der Künstlersozialkasse. Zu den Serviceleistungen des DTKV gehören Schülervermittlung, Vergleichsstatistiken über Unterrichtshonorare, Berufshaftpflicht- und Unfallversicherung durch die Mitgliedschaft, Sonderkonditionen für andere Veranstaltungsbereiche, kostenlose berufliche Rechtsberatung, Veranstaltung von Schülerkonzerten, Fortbildungsseminare, urheberrechtlich geschützte Unterrichtsverträge sowie die kostenlose Lieferung der monatlich erscheinenden Neuen Musikzeitung.

DEUTSCHER TONKÜNSTLERVERBAND (DTKV)
Landesverband Hamburg e.V.
Waitzstraße 63 · 22607 Hamburg
Tel./Fax: 82 75 74 · www.tonkuenstler.de

ESPRESSIVA

Musen küssen nicht nur Männer – den Beweis liefert das mehr-wöchige Hamburger Musikerinnenfestival espressiva.

Im Spätsommer/Herbst 1998 erstmals durchgeführt, gaben im Rahmen von espressiva mehr als 200 Musikerinnen insgesamt 22 Konzerte von der Agma-Zeitbühne über den Mojo-Club, Kampnagel und die Staatsoper bis zur kleinen Zinnschmelze in Barmbek. Begleitet wurden die Konzerte von Workshops, die im Frauenmusikzentrum fm:z in Ottensen durchgeführt wurden, da-ran angeschlossen haben sich zwei Symposien (1998 und 1999) zum Thema "Musikerinnen und Öffentlichkeit" sowie die Ring-vorlesung "Frauentöne" an der Hamburger Universität.

Im Herbst 2000 präsentiert sich espressiva als ein "europaweites Musikerinnenfestival", in dem nach dem Wunsch des Hamburger Frauenmusikzentrums die Vielfalt weiblichen Musikschaffens in den Blickpunkt der Öffentlichkeit gerückt werden soll, und zwar quer durch alle Genres. Schwerpunkt ist "elektronische Musik in Verbindung mit Videokunst und Performance", zusätzlich geplant sind Konzerte für Rock-, Pop- und Jazzfans, eine Live-Show mit

Internet-Musikerinnen, Clubnächte mit europäischen DJs, Klang-
und Bildinstallationen, Workshops und das nunmehr dritte
Symposium zu "Musikerinnen und Öffentlichkeit".

Kontakt: FRAUENMUSIKZENTRUM FM:Z
Große Brunnenstraße 63a · 22763 Hamburg
Tel. 040-39 27 31 · Fax 040-39 10 98 30
E-mail: fmz@espressiva.de · www.espressiva.de

FRAUENMUSIKZENTRUM FM:Z

"Für Frontfrauen und Dirigentinnen, Producerinnen und Kompo-
nistinnen ist es immer noch schwer, sich in der Musikszene zu
behaupten", sagt Hamburgs Kultursenatorin Christina Weiss.
Diesem Ungleichgewicht versucht das 1987 gegründete Frauenmusikzentrum, kurz fm:z, entgegenzuwirken. Der gemeinnützige
Verein hat sich laut Satzung die Aufgabe gestellt, "die Repräsen-
tanz von Frauen im Musikbereich zu stärken sowie die Auseinandersetzung mit der Situation der Frau in der Musik zu ermöglichen."
Für fm:z-Mitarbeiterin Sabine Peters geht es letztlich darum, eine
Selbstverständlichkeit von Frauen in der Musikszene zu etablie-
ren, vor allem im Instrumentalbereich. Um dies zu erreichen, organisiert und veranstaltet das Frauenmusikzentrum Kurse, Workshops und Konzerte und bietet darüber hinaus den Hamburger
Musikerinen, die sich zur Mitgliedschaft (Monatsbeitrag 55 Mark)
entschließen, gut ausgestattete Übungsräume. Ein umfangreiches
Frauenmusikarchiv mit CDs, Schallplatten und Literatur gibt
Gelegenheit zur Recherche und Inspiration. Das Frauenmusik-
zentrum e.V. hat durch die praktische Förderung und die Doku-
mentation weiblichen Musikschaffens, die Vernetzung und
Professionalisierung von Musikerinnen, Technikerinnen und
Frauen in der Musikwirtschaft Meilensteine gesetzt, die auf breiter
Ebene gesellschaftliche Wirkung zeigen. Eines der Highlights des
fm:z ist das 2000 zum zweiten Mal stattfindende espressiva-
Festival (s. o.), bei dem sich über 200 Musikerinnen auf den
Bühnen der Fabrik präsentieren.

FRAUENMUSIKZENTRUM FM:Z · Kontakt: Steph Klinkenborg
Große Brunnenstraße 63a · 22763 Hamburg
Tel. 39 27 31 · Fax 39 10 98 30
e-mail: fmz@espressiva.de · Homepage: www.espressiva.de
Übungsräume, Konzerte, Workshops, Symposien, Festival

FREITAG-NACHT-MUSIK

Im Kellergewölbe der St. Michaelis-Kirche findet mit der Freitag-Nacht-Musik bereits im fünften Jahr eine Veranstaltungsreihe mit klassischer Musik statt, die für Kenner der Szene längst kein Geheimtipp mehr ist. Der ungewöhnliche Konzertort und die verlängerte "kulinarische Pause", in der renommierte Hamburger Gastronomen die Sinnlichkeit des Musikgenusses durch kalorienträchtige Leckereien noch zu unterstreichen wissen, führt zu regelmäßig sehr gut besuchten Konzerten. Der gute Zweck bleibt (fast) versteckt: Viele junge Künstler und Ensembles aus Hamburg und anderen deutschen Städten erhalten im Rahmen der Freitag-Nacht-Musik Gelegenheit, sich vor Publikum zu präsentieren und entsprechende Erfahrungen zu sammeln. Darüber hinaus erschließt die Konzertreihe dem Träger der Initiative, in diesem Fall dem Chorverein Pro Cantico e.V. der St. Michaelis-Kirche, finanzielle Spielräume, um seine europaweiten Kontakte mit Jugendchören zu pflegen und junge Musiker in ihrer Karriere zu fördern. Die Freitag-Nacht-Musik findet ein- bis zweimal pro Monat statt. Karten, Programm und Informationen über:

> **PRO CANTICO E.V.** · **Tel. 37 678 226**
> **Freitag-Nacht-Musik** · **Hauptkirche St. Michaelis**
> **Englische Planke 9** · **20459 Hamburg**

GEMA

Die GEMA, ausgeschrieben die Gesellschaft für musikalische Aufführungs- und mechanische Vervielfältigungsrechte, nimmt die Interessen von Komponisten, Textdichtern und Verlegern wahr. Wer Musik auf Veranstaltungen aufführen, vorführen oder wiedergeben will, muss die urheberrechtlichen Nutzungsrechte der Stücke beantragen und dafür zahlen. Zur Zahlung der Vergütungen ist übrigens der Veranstalter verpflichtet, nicht der Musiker oder der DJ. Die GEMA schüttet die gesamten Einnahmen nach Deckung der Verwaltungskosten an die bezugsberechtigten Mitglieder und die in- und ausländischen Verwertungsgesellschaften aus. Die Mitgliedschaft kostet zurzeit 50 Mark, die Aufnahmegebühr 100 Mark. Die Mitgliedschaft beginnt übrigens nicht mit dem Eintritt, sondern erstreckt sich rückwirkend auch auf das ganze vorhergehende Jahr.

> **GEMA Bezirksdirektion Hamburg**
> **Schierenbarg 66** · **22145 Hamburg** · **Tel. 67 90 93 0**

GESELLSCHAFT FÜR NEUE MUSIK HAMBURG

Die Gesellschaft für Neue Musik Hamburg (GNMH) sieht ihre Aufgabe in der Förderung und Verbreitung zeitgenössischer Musik. Zu diesem Ziele werden in kleinerem musikalischem Rahmen Treffen mit Themenschwerpunkten ausgerichtet, zusätzlich werden je nach finanzieller Ausstattung Konzerte aufgeführt, in denen spezifische Blickwinkel und Positionen der Musik dokumentiert werden. In diesen Konzerten kommen sowohl unbekannte als auch international anerkannte Kompositionen zur Aufführung. Zentrales Ereignis ist das mehrtägige Festival Pop – Pur oder Plus?, das in der Regel aus Kammerkonzerten und einem Symposium besteht. Die GNMH sucht die Zusammenarbeit mit anderen Institutionen, Veranstaltern und Medien, hier speziell mit dem NDR. Die Konzertprojekte werden mit Mitteln der Kulturbehörde und durch private Spenden getragen. Mitglieder zahlen einen jährlichen Mitgliedsbeitrag von 60 Mark (ermäßigt 30 Mark).

Kontakt: GESELLSCHAFT FÜR NEUE MUSIK HAMBURG (GNMH)
Magdalenenstraße 50 · 20148 Hamburg · Tel. 45 80 63

IDPC DEMO PLACEMENT

Neue Medien für neue Stars: IDPC ist seit 1993 primär im Nachwuchsbereich der Musikbranche tätig. Angefangen hat es mit einem Demo-Placement, welches inzwischen als Standard für die professionelle Kontaktaufnahme von Künstlern zu Schallplattenfirmen und Musikverlagen gilt. 1996 kam mit dem Song Placement in Zusammenarbeit mit Songs Wanted und SongLink international ein Service für Autoren und Verlage hinzu. Unter der Adresse www.musikplaza.de wurde über IDPC ab 1997 eines der gefragtesten Foren für Nachwuchskünstler im Internet eingerichtet. Heute findet man in www.musikplaza.de neben der Homepage der Deutschen Phono Akademie diverse Musikforen wie www.songshop.de, www.talentweb.de oder www.talentstore.de. Über diese Adressen finden Newcomer die Möglichkeil, ihre Musik professionell zu vertreiben. Hierzu gehören CD-Mail-Order, Händler, Vertrieb und Promotion, MP3-Download-Verkauf und Music-On-Demand von der Deutschen Telekom.

IDPC DEMO PLACEMENT
Rummelsburger Straße 49 · 22147 Hamburg
Tel. 648 17 45 · Fax 647 33 36

INTERESSENGEMEINSCHAFT PRIVATER MUSIKUNTERRICHT

Die Interessengemeinschaft Privater Musikunterricht Hamburg wurde Ende 1998 von einer Reihe qualifizierter privater Musikschulen ins Leben gerufen. Sie verfolgt das Ziel, die Hamburger Öffentlichkeit auf das vielfältige Unterrichtsangebot der privaten Musikschulen in der Hansestadt aufmerksam zu machen. Gefördert und geweckt werden soll das Qualitätsbewusstsein bei Musikinteressierten für privaten Instrumental- und Gesangsunterricht. Im Dialog mit der Politik sowie mit der Hamburger Schul- und Kulturbehörde will die Interessengemeinschaft Konflikte ansprechen, die sich aus der Konkurrenzsituation zu staatlich geförderten Einrichtungen ergeben. Dabei wird laut Sprecherin Irene Barbuceanu die freundschaftliche Koexistenz sowohl privater als auch staatlicher musikalischer Erziehung angestrebt.

INTERESSENGEMEIN. PRIVATER MUSIKUNTERRICHT HAMBURG
Ulmenstraße 34 · 22999 Hamburg
Tel. 48 18 95 · Fax 460 92 973

JAZZBÜRO HAMBURG E.V.

Das von den Vereinen Jazz Culture (ehemals Dennis' Swing Club), JazzHaus und TonArt gegründete Jazzbüro Hamburg e.V. sieht seine Aufgaben in der Förderung der Jazz-Musik in Hamburg. Zu diesem Zweck organisiert der unter anderem mit Mitteln der Kulturbehörde unterstützte Verein nichtkommerzielle Konzerte und Festivals (so das jährlich stattfindende Open-Air-Festival "Jazz in Hamburg"). Darüber hinaus wird mit der JazzPress ein periodisch erscheinendes Info-Blatt herausgegeben sowie an der Einrichtung und Pflege eines Schallarchivs gearbeitet. Zur Öffentlichkeitsarbeit des Jazzbüros Hamburg e.V. zählt auch die Betreuung der hauseigenen Website, die Jazzfreunden einen im Vergleich zu anderen Internet-Angeboten aus diesem Bereich praxistauglichen Überblick der betreffenden Club- und Musiker-Szene bietet. Last but not least versteht sich das Jazzbüro Hamburg e.V. als nichtkommerzielles Kontaktforum zwischen Musikern, Komponisten, Arrangeuren und Veranstaltern.

JAZZBÜRO HAMBURG E.V. · c/o Atrium
Bernstorffstraße 93-95 · 22767 Hamburg
Tel. 432 528 70 · Fax 432 528 71 · www.jazzhamburg.de

LANDESMUSIKRAT DER FREIEN UND HANSESTADT HAMBURG E.V.

Der Landesmusikrat der Freien und Hansestadt Hamburg e.V. nimmt für seine Mitglieder eine Koordinations- und Sprecherrolle wahr. Er versteht sich gleichzeitig als Partner wie als kritisches Gegenüber von Senat und Kulturbehörde. Als föderalistische Entsprechung zum Deutschen Musikrat auf Landesebene ist er Plattform, Zusammenfassung und Vernetzung aller an der Musikkultur in Hamburg beteiligten Mitgliedsorganisationen, Verbände und Einrichtungen, die zusammen genommen rund 40.000 Einzelmitglieder repräsentieren. Zusammengeführt werden sollen tendenziell die Musikerziehung und die Musikausbildung, die Künstler, die Musikpflege, Berufsverbände, Musikalienhandel, Musikmedien und -journalisten und nicht zuletzt das Konzertpublikum. Eine der wesentlichen inhaltlichen Aufgaben sieht der Hamburger Landesmusikrat in seinem Engagement in der Laien-, Kinder- und Jugendmusik, um hier eine breite Basis für den professionellen Musikbereich auch für die Zukunft zu gewährleisten. So wurde vor dem Hintergrund der zunehmenden "Konsumierung" von Musik und des schwindenden Interesses vor allem Jüngerer an klassischer Musik im Frühjahr 2000 die "Aktion für Musik" initiiert, die sich in zahlreichen Projekten und Veranstaltungen speziell für die Heranführung von Kindern und Jugendlichen an "handgemachte" Musik einsetzt.

LANDESMUSIKRAT DER FREIEN UND HANSESTADT HAMBURG E.V.
Berner Heerweg 183 · 22159 Hamburg
Tel. 645 20 69 · Fax 645 26 58
www.t-online.de/home/lmr.hh

LASS' 1000 STEINE ROLLEN

Träger des Projektes Lass' 1000 Steine rollen ist der 1979 gegründete Verein "Hilfe für alkoholgefährdete Kinder und Jugendliche e.V." Die von dem Sozialpädagogen Jörgen Linneberg aus Schweden mitgebrachte Idee sieht vor, durch Bereitstellung von Übungsräumen und Equipment suchtgefährdeten Jugendlichen die Möglichkeit zum aktiven Musikmachen und somit Anstöße zur persönlichkeitsfördernden Freizeitgestaltung zu geben. Nach Anfängen in der Averhoffstraße ist das Projekt seit 1988 in dem ehemaligen Kinderheim in der Spohrstraße untergebracht. Hier befinden sich drei Proberäume, die unter der Woche von 25 Bands genutzt werden, zwei Unterrichtsräume sowie ein Aufnahmestudio. Zum Angebot gehören außerdem Instrumental- und Gesangsunterricht, Gruppenunterricht vom Breakdance über Hard-Disc-Recording bis zum Performancetraining sowie ein HipHop-, ein Live-Mixing- und der "Hot Summer Groove"-Workshop. Zahlreiche Veranstaltungen, entweder auf der hauseigenen und technisch erstklassig ausgestatteten Trockendock-Bühne oder über die Kontakte zu anderen Jugend- und Kulturzentren sorgen dafür, dass die jungen Musiker und Bands auch den nötigen Live-Kick erhalten.

LASS' 1000 STEINE ROLLEN · **Spohrstraße 1** · **22033 Hamburg**
Tel. 27 38 77 · **Fax 27 80 259**

MUSIKBIBLIOTHEK DER HAMBURGER ÖFFENTLICHEN BÜCHERHALLEN

Musikerfutter fast umsonst: Mit über 60.000 Titeln aus den Bereichen Klassik, Pop, Rock, Jazz, Musical, Schlager, Filmmusik sowie fast allen gängigen Musikschulen bietet die Musikbibliothek der Hamburger Öffentlichen Bücherhallen (HÖB) einen riesigen Fundus an Noten für Solisten und Ensembles. Zum ausleihbaren Bestand gehören 12.000 CDs aller Musikrichtungen und annähernd 15.000 Bücher über Musik, dazu kommen zum Schmökern vor Ort etwa 70 aktuelle Fachzeitschriften, Lexika, Werkverzeichnisse, Adressensammlungen, Opern- und Konzertführer bis hin zu Hitparadenlisten. Mit ein wenig Glück können ausrangierte Titel, egal ob Noten, CDs oder Bücher, gegen eine geringe Gebühr erworben werden.

Zugänglich sind die Medien für Besitzer eines gültigen Benutzerausweises der HÖB. Die Jahresgebühr liegt bei 5 Mark für Kinder, 25 Mark für Schüler, Studenten und Auszubildende und 70 Mark für erwachsene Vollzahler (Stand Herbst 2000).

Geöffnet ist die Musikbibliothek dienstags bis freitags von 11 bis 19 Uhr, samstags von 10 bis 13 Uhr.

MUSIKBIBLIOTHEK · **Hamburger Öffentliche Bücherhallen**
Große Bleichen 25 · **20354 Hamburg**
Tel. 356 06 -210 / -211 · **Fax 34 27 89**
www.buecherhallen.de

MUSIKGEMEINDE HARBURG E.V.

Gegründet hat sich die Musikgemeinde Harburg als Verein bereits 1930, und zwar nach einem Konzert des heutigen Philharmonischen Staatsorchesters unter der Leitung von Karl Muck zur Eröffnung der Friedrich-Ebert-Halle. Das Ziel in jenen Jahren war die regelmäßige Veranstaltung klassischer Konzerte für die Mitglieder. Diesen Auftrag erfüllt der Verein noch heute. Er bietet seinen Mitgliedern neben kleineren Veranstaltungen im Helmsaal mindestens zehn Konzerte pro Jahr, vom Klavierabend über Kammerkonzerte bis zur Sinfonie. So gastieren das Philharmonische Staatsorchester Hamburg, das NDR-Sinfonieorchester und die Hamburger Symphoniker regelmäßig in Harburg, dies bei einem sehr günstigen Preis-Leistungs-Verhältnis.

MUSIKGEMEINDE HARBURG E.V.
Ernst Bergeest-Weg 83a · 21077 Hamburg
Tel. 760 04 06 · Fax 760 74 97

NACHT DER CLUBS

Die Nacht der Clubs jeweils am zweiten Freitag im September gehört zu den Highlights im Hamburger Veranstaltungskalender. Geboren wurde die Idee laut Mit-Initiator Karsten Schölermann anno 1987 bei einem einsamen Konzertabend im Knust, als mal wieder eine Band auf der Bühne stand "und keiner, aber auch wirklich keiner kam, um sie zu sehen". Eine Busladung voller Fans wäre die Rettung, fanden frustrierte Bandmitglieder und die arbeitslose Tresencrew, und also nahm man das Projekt in die Hand. Bereits ein Jahr später war es soweit: Mit gerade mal 30.000 Mark Ausfallbürgschaft von der Kulturbehörde für das "Rockspektakel" war von den Initiatoren ein Netz parallel laufender Konzerte in den angesagtesten Hamburger Live-Clubs gestrickt worden, für das es ein gemeinsames Ticket sowie einen Zubringerdienst gab. Trotz logistischer Probleme in den Anfangsjahren mit überfüllten Bussen und Konzertsälen (so wollten 1990 über 2000 Besucher den Auftritt der AC/DC-Revival-Band Bon Scott in der bereits brechend vollen Großen Freiheit miterleben) wurde die Nacht der Clubs zum weit über die Stadtgrenzen hinaus bekannten Markenzeichen der Hamburger Rockszene, das der Hansestadt auch viele auswärtige Besucher bescherte. Zum "Urgestein" dieses Events, an dem Anfang der 90er bisweilen 25 Clubs teilnahmen, gehören noch immer die Altonaer Fabrik, das Café Schöne Aussichten, Docks, Große Freiheit, Kir, Knust, Logo, Markthalle, Werkstatt 3 und die Zinnschmelze, aktuell sind zusätzlich unter anderem Grünspan, Honigfabrik, LoLa, Mayday und das Molotow dabei. Die Hamburger Hochbahn als Hauptsponsor engagiert sich mit 50 Bussen, die im Fünf-Minuten-Takt in entgegengesetzten Richtungen durch den Innenstadtring kreisen.

PERCUSSION CREATIV E.V.

Percussion Creativ e.V. versteht sich als Netzwerk von Schlagzeugern für Schlagzeuger. Der Verein ist offen für deutschsprachige Schlagzeuger und hat als Zielsetzung die Förderung der Musik für Schlaginstrumente durch Kurse, Informationsaustausch, Wettbewerbe, Notenarchiv, Datensammlung und die Zusammenarbeit mit der Industrie, dem Deutschen Musikrat und den wichtigsten Schlagzeugveranstaltungen in Europa. Mit etwa 800 Mitgliedern aus Deutschland, Österreich, der Schweiz, den Niederlanden und Skandinavien ist Percussion Creativ e.V. die derzeit größte Interessenvertretung für Schlagzeuger in Europa. In Hamburg veranstaltet Percussion Creativ e.V. seit 1997 jährlich das World Drum Festival, das über mehrere Tage in Hamburger Veranstaltungszentren wie der Fabrik, Werkstatt 3 oder der Markthalle stattfindet.

PERCUSSION CREATIV E.V. Hamburg
Große Brunnenstraße 36 · 22763 Hamburg
Tel./Fax: 399 01 825 · www.percussion-creativ.de

ROCKBÜRO HAMBURG E.V.

Für gerade mal 10 Mark Aufnahmegebühr und 20 Mark Jahresbeitrag kann man Mitglied werden beim RockBüro Hamburg e.V., dem aus der 1981 gegründeten Musikerselbsthilfe e. V. hervorgegangenen Nachfolgeverein. Für das Geld wird einiges geboten. So verwaltet das RockBüro zurzeit 108 Übungsräume zwischen Billbrook und St. Pauli. Gerne frequentiert wird auch das vereinseigene 16-Kanal-Analog-Tonstudio, in dem Mitgliedsbands einmal pro Jahr Demoaufnahmen machen können. Die Tagesmiete beträgt 150 Mark (ohne Bänder). Über die Kontakte, die das Rockbüro mit einigen Hamburger Live-Clubs pflegt, wird es Bands ermöglicht, ohne Gage, dafür aber auch ohne zuzuzahlen, aufzutreten. Die Mitarbeiter sind für alle kleinen und großen Probleme

des Musikerdaseins offen und veranstalten in diesem Zusammen-
hang auch regelmäßig Workshops, von denen der "HotSummer-
Groove" der wohl bekannteste ist. Seit Mitte 2000 ist das Rockbüro Hamburg e.V. auch im Internet präsent. Auf der Website gibt
es neben detaillierten Infos eine Musiker- und Tauschbörse.

ROCKBÜRO HAMBURG E.V.

Kleine Freiheit 1 · 22767 Hamburg

Tel. 31 31 26 · Fax 31 27 83 · www.rockbuerohamburg.de

ROCKCITY HAMBURG E. V.

Rockcity Hamburg e.V. existiert seit 1987 und gehört unter anderem zu den Initiatoren der "Nacht der Clubs". Seit 1992 betreut
der mit Mitteln der Kulturbehörde unterstützte Verein semiprofes-
sionelle Musiker, wobei für Geschäftsführerin Claudia Wildner die
Betonung auf "professionell" liegt.

Rockcity sieht den Schwerpunkt in der Booking-Unterstützung
sowie der finanz- und vertragsrechtlichen Beratung von Musikern,
die über das erste Demo-Tape hinausgekommen sind. Ein an die
harten Bandagen der Branche angelehntes Projekt im Bereich
der von Rockcity betriebenen Nachwuchsförderung ist die "Band-
Factory". Hierbei müssen Bands und Musiker/innen während
eines 20-minütigen Auftritts vor Produ-
zenten, Bookern und Musikverlegern
bestehen. In den vergangenen beiden
Jahren hat sich die Band-Factory vornehmlich der in Deutschland und speziell Hamburg boomenden HipHop- und
Rap-Szene gewidmet. Der Notwendig-
keit, dass Musiker mobil sein müssen,
trägt Rockcity mit der Vermietung von

rockcity Hamburg e.V.
Kleine Freiheit 1
22767 Hamburg
Tel. 040 /319 60 60
Fax 040/319 60 69
e-mail: music@rockcity.de
domain:www.rockcity.de

Bandbussen Rechnung. Für 140 Mark können entweder ein VW-
Bus oder ein MB-Sprinter ausgeliehen werden, wobei eine Person
der Band Mitglied des Vereins sein muss (Jahresbeitrag 20 Mark).
Die Vereinsmitgliedschaft wird auch bei zeit- und arbeitsintensiveren
Vertrags- oder Finanzierungsberatungen fällig, für Erstauskünfte
drückt Claudia Wildner schon mal ein Auge zu.

Eine weitere Aktivität ist das "Bedford-Mobil", ein mobiles Tonstudio in einem 20 Jahre alten Bedford Blitz. Hiermit werden
Live-Konzerte für das Freie Sender Kombinat (FSK) mitgeschnit-

ten. Der mit zwei 8-Spur-DAT-Recordern ausgerüstete Oldie kann für 250 Mark für den eigenen Übungsraum oder Live-Konzerte angefordert werden, mit ein wenig Glück wird die Aufnahme anschließend von FSK gesendet

ROCKCITY HAMBURG E.V.
Kleine Freiheit 1 · 22767 Hamburg
Tel. 319 60 60 · Fax 316 60 69
e-mail: music@rockcity.de · Internet: www.rockcity.de

SWING BUREAU

Fast unbemerkt hat sich in Hamburg eine aktive Swing-Szene entwickelt, die auf den Spuren von Glenn Miller & Co Musik und Lebensgefühl der 30er und 40er Jahre ins neue Jahrtausend trägt. Die Swing-Veranstaltungen im Astoria, der Schilleroper oder gar im "Hafenklang" erfreuen sich zunehmender Beliebtheit, und wenn im modischen Outfit der Golden Ära gewandte Paare aus drei Generationen übers Parkett schwofen, fühlt sich nicht nur Deutschland ältester DJ Günter Discher in seine Jugend zurückversetzt. Inzwischen haben die Aktivisten der ersten Stunde wie DJ Swingin´ Swanee alias Swantje Harmsen die Fäden auch organisatorisch in die Hand genommen. So ist das Swing Bureau zugleich Veranstalter, Berater in Sachen Events und Lifestyle, Kontaktforum und Agentur für Künstler, DJs, Musiker und Showtänzer zugleich. Als Ansprechpartner fungieren neben Swantje Harmsen die Mitinitiatoren Isgard Rhein und Frank Misiak.

SWING BUREAU
Hermannstal 43 · 22119 Hamburg
Tel. 659 948 76 · Fax 659 948 77

SWINGING HAMBURG

"Jazz ist nicht tot, er riecht nur ein bisschen komisch", behauptete einst Bürgerschreck Frank Zappa. Etwa aus dieser Problematik heraus hat sich Swinging Hamburg gegründet, ein gemeinnütziger Verein zur Förderung des traditionellen Jazz in Hamburg. "Wir beobachten bei allen Gastspielen unserer Hamburger Jazzbands, dass die Musiker und das Publikum älter werden. Dieser Entwicklung wollen wir entgegenwirken", heißt es in der Satzung. Öffentlichkeitsarbeit wird als Hauptanliegen des Vereins angesehen, dem zahlreiche prominente Musiker wie Gottfried Böttcher,

Peter "Banjo" Meyer und Abi Wallenstein angehören. Swinging Hamburg steht aber auch bloßen Liebhabern des traditionellen Jazz offen, die als Mitglieder unter anderem freien Eintritt zu allen Jazz-Frühschoppen in der Altonaer Fabrik haben sowie über alle Aktivitäten und Konzerte aus dem Bereich informiert werden.

SWINGING HAMBURG
Saseler Str. 47c · 22145 Hamburg
Tel. 67 94 25 35 · Fax 67 94 25 36

TROMMLER UND PFEIFENKORPS VEREINIGUNG GROSS HAMBURG VON 1920 (TPK)

Aus über 20 Hamburger Spielmanns- und Musikzügen setzt sich die Trommler und Pfeifenkorps Vereinigung Groß Hamburg von 1920 (TPK) zusammen, organisiert im Hamburger Verband für Turnen und Freizeit.

Neben Lehrgängen auf nationaler wie internationaler Ebene gehören die Kontaktpflege und die Organisation gemeinsamer Auftritte aller Mitgliedsvereine (z. B. auf dem Hamburger Dom) zu den Hauptaktivitäten der TPK. Über das viermal jährlich erscheinende TPK-Info bietet die Vereinigung den Mitgliedern ein Kontaktforum und vermittelt auch Spielleute, wenn einmal Not am Mann ist. Natürlich können sich alle Musiker, die in einem Spielmannszug mitmachen wollen, an die TPK wenden.

TROMMLER UND PFEIFENKORPS VEREINIGUNG GROß HAMBURG VON 1920 (TPK)
Neuengammer Hausdeich 175a · 21039 Hamburg
Tel. 723 33 03 · Fax 723 29 84

WWW.BANDNET.DE

Als Online-Netzwerk für und mit Hamburger Bands präsentieren sich die Internet-Seiten von bandnet.de. Interessierte Bands können sich hier mit Fotos, Demo-Songs und Band-Info vorstellen, dies obendrein "kostenlos und unverbindlich", wie auf der Homepage versichert wird. Weiter heißt es: "bandnet.de beschäftigt sich mit allem in der Hansestadt, was irgendwie mit Musik und Bands zu tun hat. Es gibt hier jede Menge Adressen von Läden, Studios etc., Interviews mit den Local Heros (z.B. Abi Wallenstein, Inga Rumpf) und Stars (Pur), eine umfangreiche Kleinanzeigen-Datenbank, es gibt Diskussions-Foren sowie jede Menge Bandnet-Specials." Zu diesen "Specials" gehört dann auch der bandnet-Award, der 2000 zum ersten Mal ausgetragen wurde. Mitgetragen unter anderem von der o-ton Booking-Agentur und der Hamburger Markthalle, die für die Vorausscheidungen die MarX zur Verfügung stellt, soll der Award "zu einem der angesehensten und ehrlichsten Band-Awards Deutschlands" werden.

www.bandnet.de

MUSIKUNTERRICHT & MUSIKSCHULEN

Beim Thema Musikunterricht scheiden sich die Geister. Für "Klassiker" ein Muss, haben vor allem Anfänger im Bereich Pop und Rock eher ein distanziertes Verhältnis zu Tonleitern und Harmonielehre. Der sprichwörtliche Drei-Akkorde-Hit verlangt eben nur marginale musikalische Standards, und manchmal reicht ein Knopfdruck auf das Keyboard-Sample in Verbindung mit der richtigen Baseball-Kappe, um plötzlich hip oder gar ein Star zu sein.

Bei manchen Autodidakten mag das Prinzip "Learning by doing" tatsächlich fruchten, andere stoßen bei Erweiterung ihres musikalischen Repertoires nicht selten an spiel- und gesangstechnische Grenzen, die sich nach jahrelanger Praxis einer falschen Griff- oder Atemtechnik nur schwer korrigieren lassen. Für alle, die Musik nicht nur nebenbei betreiben und sich mit einem Dutzend vorzeigbarer Stücke zufrieden geben, ist ein begleitender Unterricht daher auf jeden Fall zu empfehlen.

Den leichtesten und kostengünstigsten Einstieg bieten die Hamburger Volkshochschulen, in deren Programmheften sich je nach Bezirk differenzierte Angebote im Instrumental- und Vokalbereich finden. Außerdem lernt man auf einen Schlag jede Menge netter und gleichgesinnter Leute kennen. Der Nachteil (neben den starren, zudem von Semesterferien unterbrochenen Terminen) ist allerdings, dass der Lehrer warten muss, bis auch der letzte Kursteilnehmer den A-Moll-Akkord be- bzw. gegriffen hat. Und das kann dauern. Eine zumindest für Fortgeschrittene effektivere Alternative ist der individuelle Privatunterricht. Angebote finden sich an den Schwarzen Brettern der Musikgeschäfte, Veranstaltungszentren, Schulen und Mensen ebenso wie im Kleinanzeigendschungel der Szene-Magazine. Häufig handelt es sich hierbei um Musikstudenten oder ausgebildete Musiklehrer, die mit ihrem instrumentellen Können ihren Lebensunterhalt finanzieren. Eine Garantie für pädagogisch wie fachlich qualifizierten Musikunterricht bieten die privaten Musikschulen. Im Vergleich zum individuellen Unterricht haben die Schüler hier zudem die Möglichkeit, auch andere Instrumentengattungen und Musikstile kennen zu lernen, wie überhaupt eine Musikschule immer auch ein Inspirations- und Kontaktforum ist bzw. sein sollte.

Hamburg hat von allen deutschen Großstädten die größte Dichte an Musikschulen, die von spezialisierten Einrichtungen über reine Gesangsschulen, wie z.B. Peter Anders' Institut für Gesang, bis zu den "Vollsortimentlern" reicht, in denen Unterricht an nahezu allen gängigen Instrumenten angeboten wird. Vom Anfänger bis zum angehenden Musikstudenten kann sich jeder das für ihn adäquate Angebot heraussuchen.

Mit dieser Vielfalt geht auch einher, dass in den Musikschulen Jazz, Pop und Rock längst einen gleichwertigen Status zum klassischen Repertoire genießen, wie überhaupt der Spaß am Musizieren und die kreative Auseinandersetzung mit der Musik einen immer größeren Stellenwert gegenüber der Vermittlung der rein spieltechnischen Fertigkeiten und der theoretischen Grundlagen gewinnen. Musikalische Früherziehung, Ensemble- und Bandtraining gehören inzwischen zu den Standards. Auch die praktische Unterweisung in technischen Fragen wie Aufnahmeverfahren oder elektronische Soundtüfteleien gewinnt immer mehr an Bedeutung. So beherbergt eine der jüngsten Musikschulen in Hamburg, Abenteuer Musik in Eimsbüttel, in ihren Räumen ein professionelles Tonstudio, das von den Schülern und Lehrern genutzt werden kann und gleichzeitig auch für Workshops und die Aufnahme einer jährlich erscheinenden CD unter Mitwirkung der

Axel Thomas von **A**benteuer Musik hat
in seiner Musikschule ein professionelles
Aufnahmestudio eingerichtet

Schüler dient. So gut wie alle größeren Musikschulen organisieren zudem Hauskonzerte oder öffentliche Auftritte, bei denen man als Besucher erleben kann, dass Musikschulen längst nicht nur von jüngeren, sondern zunehmend auch von Menschen im besten Mick-Jagger-Alter frequentiert werden.

Um das breite Angebotsspektrum an privaten Musikschulen in Hamburg auch in Zukunft aufrechterhalten zu können, hat sich eine Interessengemeinschaft Privater Musikunterricht gegründet, die neben der öffentlichkeitswirksamen Information über die Vielfalt und Qualität des privaten Unterrichtsangebots auch auf einen fairen Ausgleich zwischen den Interessen privater und öffentlich subventionierter staatlicher Musikschulen hinwirken will.

Dies gilt insbesondere im Hinblick auf die Staatliche Jugendmusikschule Hamburg am Mittelweg, in deren Wartelisten sich auch Schüler einreihen, deren Eltern ohne Probleme Unterrichtsstunden an den mangels staatlicher Zuschüsse zwangsläufig teureren privaten Musikschulen finanzieren könnten.

Instrumentalunterricht, Ensemblespiel und Veranstaltungen sind die drei tragenden Säulen des Angebots, hinzu kommen musikalische Kinderkurse mit einem Einstiegsalter von vier bis sechs Jahren. Seit 1996 kooperiert die Staatliche Jugendmusikschule mit den neuen Halbtagsgrundschulen. Damit sollen die Lücken bei der Versorgung der Grundschulkinder verkleinert und das Musikangebot der Grundschulen attraktiver und vielfältiger werden.

Eine Brückenfunktion zwischen privaten und staatlichen Musikschulen und Musikhochschulen nimmt das 1908 gegründete Hamburger Konservatorium ein. Hier unterrichten Künstler und Musikpädagogen in der Laien- wie in der Berufsabteilung. Das von einem Förderverein getragene und mit Mitteln der Kulturbehörde unterstützte Institut in dem großen weißen Haus am Sülldorfer Bahnhof vereinigt unter seinem Dach drei Bereiche. Da ist zunächst eine große Musikschule mit 1.300 Schülern, die von der frühkindlichen Erziehung ab dem Alter von zwei Jahren

Internationalität wird im Hamburger Konservatorium groß geschrieben

über das "Instrumentenkarussell" als halbjährliche Orientierungshilfe im Instrumentalbereich bis hin zum Ensemblespiel ein riesiges Spektrum an Unterrichts- und Kurseinheiten anbietet. Parallel zum Instrumental- und Vokalunterricht werden kostenlose Ergänzungsfächer angeboten. Dazu zählen unter anderem Musiklehre und Gehörbildung, Autogenes Training und Jazz-Band-Training für Jugendliche und Berufstätige. Neben der klassischen Musik sind im Übrigen längst auch Jazz, Rock und Pop im Hamburger Konservatorium beheimatet.

In Kooperation mit der Hochschule für Musik ermöglicht das Hamburger Konservatorium die Ausbildung zum Diplom-Musik-lehrer (DML), die sich durch Praxisnähe und eine umfassende Vorbereitung auf den späteren pädagogischen Berufsalltag auszeichnet. Künstlerisch hoch qualifizierten Studierenden wird die Möglichkeit eines Aufbaustudiums und der künstlerischen Reifeprüfung geboten.

Überregionale Ausstrahlung hat seit 1997 der Bereich Fortbildung und Veranstaltungen mit jährlich etwa 130 Aktivitäten. Hierzu zählen Workshops, Seminare und Meisterkurse mit international renommierten Künstlern ebenso wie Symposien und Kolloquien zu musikrelevanten Themen aus dem ökonomischen und soziologischen Umfeld. Die Sommerakademien mit Teilnehmern aus Japan und der gesamten Bundesrepublik haben einen betont kulturverbindenden Akzent, wie überhaupt Internationalität am Hamburger Konservatorium allein schon durch die große Anzahl Studierender aus Japan und Korea einen hohen Stellenwert besitzt.

Trotz des "strengen" Namens und des hohen Niveaus des Unterrichts strahlt das Hamburger Konservatorium eine lebendige, entspannte Atmosphäre aus, die von dem Direktor, Professor Dr. H. Eberhard Schmitz, bewusst gefördert und auch selbst in persona verkörpert wird. "Konserviert" wird hier vor allem eines: die Lust an und die Liebe zur Musik.

Für die Förderung des Gesangs auf allen Gebieten des Musikschaffens sowohl im Laien- als auch im beruflichen Bereich setzt sich die Sängerakademie Hamburg ein. Zum Angebot gehören unter anderem die Ausbildung von Sängern aller Altersstufen im Laienbereich, insbesondere die Nachwuchsförderung im Elementarbereich, die Ausbildung von Chorsängern und Chorleitern im Laienbereich, die Vorbereitung auf die Eignungsprüfung für das Berufsstudium und praxisbezogene Ensemblearbeit. Seit Mai 2000 bietet die Sängerakademie Hamburg als erste und einzige Musikschule neben der Ausbildung zum Berufschorsänger und dem Aufbaustudium zum Bühnen- bzw. Konzertsänger eine staatlich anerkannte Ausbildung für Pop-Gesang an. Darauf und auf die Tatsache, dass die Sängerakademie Hamburg ohne öffentliche Zuschüsse seit ihrer Gründung 1990 zu einer in Deutschland einmaligen Institution für Laien- wie Berufssänger geworden ist, ist Direktor Klaus Peter Samson mit Recht stolz. Die Spitze der musikalischen Ausbildungspyramide bildet die Hochschule für Musik und Theater Hamburg. Als künstlerisch-wissenschaftliche Hochschule obliegt ihr zum einen die Weiterentwicklung von Kunst und Wissenschaft in den Bereichen Musik und Theater, zum anderen vermittelt sie eine künstlerische und wissenschaftliche Ausbildung und bildet den entsprechenden Nachwuchs heran. Das Lehrangebot der Hochschule reicht von der Früherziehung, Schulmusik und Ausbildung zum Diplom-Musiklehrer über Jazz und Popularmusik, neue Kompositionstechniken und Filmmusik bis zu Kultur- und Medienmanagement. Viele Professoren sind Mitglieder bedeutender Kulturträger wie der Oper, den großen Orchestern oder Chören. Im Rahmen des externen Veranstaltungswesens wird die Hochschule als Mittlerin zwischen Studium und Praxis tätig. Die Studierenden erhalten Auftrittsmöglichkeiten vor unterschiedlichem Publikum und gewinnen damit frühzeitig Podiumserfahrungen. Ganze Konzertreihen sind inzwischen fester Bestandteil im kulturellen Leben Hamburgs und seiner Umgebung. Mit ca. 300 Veranstaltungen pro Jahr ist die Hochschule für Musik und Theater Hamburg einer der größten Musikveranstalter der Stadt.

ABENTEUER MUSIK
Heckscherstraße 29 · 20253 Hamburg · Tel. 40 77 50 · Fax 43 27 26 54
E-mail: abenteuermusik@compuserve.com

HAMBURGER KONSERVATORIUM
Sülldorfer Landstraße 196 · 22589 Hamburg
Tel. 87 08 77 0 · Fax 87 08 77 30

HAMBURGER VOLKSHOCHSCHULEN
www.vhs-hamburg.de

Stadtbereich Mitte
Schanzenstraße 75-77 · 20357 Hamburg · Tel. 428 41 27 52/53
Fax 428 41 27 88 · E-mail: mitte@vhs-hamburg.de

Stadtbereich Bergedorf
Leuschnerstraße 21 · 21031 Hamburg · Tel. 72 54 08 0
Fax 72 54 08 40 · E-mail: bergedorf@vhs-hamburg.de

Stadtbereich West
Waitzstraße 31 · 22607 Hamburg · Tel. 89 05 91 0
Fax 89 05 91 40 · E-mail: west@vhs-hamburg.de

Stadtbereich Nord
Wiesendamm 22b · 22305 Hamburg · Tel. 428 32 20 34
Fax 428 32 20 44 · E-mail: nord@vhs-hamburg.de

Stadtbereich Harburg/Finkenwerder
Eddelbüttelstraße 47a · 21073 Hamburg · Tel. 76 73 47 0
Fax 76 73 47 30 · E-mail: harburg@vhs-hamburg.de

Stadtbereich Ost
Berner Heerweg 183 · 22159 Hamburg · Tel. 64 55 84 11
Fax 64 55 84 84 · E-mail: ost@vhs-hamburg.de

HOCHSCHULE FÜR MUSIK UND THEATER HAMBURG
Harvestehuder Weg 12 · 20148 Hamburg · Tel. 428 48 0
Fax 428 48 26 68 · www.itz.uni-hamburg.de/hfmt

INTERESSENGEMEINSCHAFT PRIVATER MUSIKUNTERRICHT HAMBURG
Ulmenstraße 34 · 22999 Hamburg
Tel. 48 18 95 · Fax 460 92 973

SÄNGERAKADEMIE HAMBURG
Hammer Landstraße 204 · 20537 Hamburg · Tel. 21 30 43/44
Fax 21 29 21 · E-mail: info-saengerakademie-hh @musikplaza.de
www.musikplaza.de/saengerakademie-hh.htm

STAATLICHE JUGENDMUSIKSCHULE
Zentrale: Mittelweg 42 a · 20148 Hamburg
Tel. 42801- 41 41 · Fax 42801- 41 33

PRIVATER MUSIKUNTERRICHT

MUSIKSCHULEN

CMS – DIE CREATIVE MUSIKSCHULE
3 x in Hamburg · Tel. 040/738 30 70 · Fax 040/739 233 10
Internet: www.cms-musikschule.de
> Keyboard-Klavier-Gitarre-Bass-Schlagzeug-Saxophon-
> Gesang-Klarinette-Früherziehung-Didgeridoo-
> Bandtraining-Workshops-Tonstudio-u.v.m.

MUSIKSCHULE BARSBÜTTEL & BERGSTEDT
Waldenburger Weg 18 · 22885 Barsbüttel · Tel./Fax 040/670 05 86

MUSIKSCHULE GLINDE E.V.
Oher Weg 24 · 21509 Glinde · Tel. 040/711 10 24
> Fachlehrer für Pop und Klassik

MUSIKSCHULE RISSEN
Rissener Dorfstraße 45 · 22559 Hamburg · Tel. 040/81 62 34

MUSIKSCHULE SCHNELSEN
Glißmannweg 1 · 22457 Hamburg · Tel. 040/559 16 99
e-mail: weshamibla@aol.com · Internet: www.musikschule-schnelsen.de
> Musikal. Früherziehung, Prüfungsvorbereitung Hochschule

MUSIKSTUDIO WANDSBEK
Brauhausstieg 30 · 22041 Hamburg
Tel. 040/68 91 68 11 · Fax 040/68 91 68 01
> Instrumental und Gesang

OHR M
Ruhrstraße 12 · 22761 Hamburg · Tel./Fax 040/851 11 01
> schlagz-perc-git-bass-cello-klavier-improv-ü'räume

A. UND F. WORTMANN
ZAUBER DER MUSIK
Saseler Straße 1 · 22145 Hamburg-Meiendorf
Tel. 040/648 21 23 · Fax 040/64 89 21 23
> Musikschule: 6-wöchige unverbindliche Schnupperkurse

MUSIKLEHRER

CELLO

SUSANNE HAHN
Stückweg 38 · 22547 Hamburg · Tel. 040/84 90 03 88
Cello spielend lernen, Dipl. Cellistin, langj. Erf.

KLAVIER / KEYBOARD / TASTENINSTRUMENTE

MONIKA BALZER Musikerin
Curtiusweg 4 · 20535 Hamburg · Tel./Fax 040/219 50 04
e-mail: Monika_Balzer@magicvillage.de

IRENE BARBUCEANU Klavierstudio Irene Barbuceanu
Ulmenstraße 34 · 22299 Hamburg
Tel. 040/48 18 95 · Fax 040/460 92 973
Individueller Einzelunterricht

CHRISTIANE BECKER c/o Musikalien Vehstedt
Sagebiels Weg 4 · 22587 Hamburg-Blankenese
Tel. 040/86 66 24 67 oder 040/700 35 05 · Fax 040/86 66 24 67
Dipl. Musiklehrerin, Heilpraktikerin für Psychotherapie,
Körperorientierte Psychotherapie in Verbindung
mit Musik/Rhythmik

BERNHARD FOGRASCHER Konzertpianist / Dipl. Musiklehrer
Bornstraße 31 · 20146 Hamburg
Tel./Fax 040/45 45 19 · e-mail: Bfograsch@aol.com
Klassik-Unterricht einschl. Musiktheorie,
Aufnahmeprüfungsvorbereitung

ELKE GRAVERT Pianistin / Diplompädagogin
Wartenau 13 · 22089 Hamburg · Tel. 040/25 05 205
Klavierunterricht jedes Alter und Hochschulvorbereitung

DETLEF SASSMANNSHAUSEN
Konzertpianist/Klavierpädagoge
Waitzstraße 63 · 22607 Hamburg · Tel. 040/82 94 32

GABRIELE SCHNEIDER c/o Musikalien Vehstedt

Dipl. Musiklehrerin: Musikunterricht, Klavier, Gitarre
Sagebiels Weg 4 · 22587 Hamburg-Blankenese
Tel. 040/86 66 24 67 od. 040/700 36 00 · Fax 040/86 66 24 67
 Ohne Vorkenntnisse individuell gestalteter Unterricht sowie
 Erfahrung mit Blinden und Körperbehinderung +
 Down Syndrom, Bl. Fl.

FRIEDLINDE THOMFOHRDE

Bernadottestraße 8 · 22763 Hamburg · Tel. 040/39 64 30
 Musikunterricht Akkordeon / Harfenzither / C+F-Flöte

JOHANNA WELTER

Vereinsstraße 89 · 20357 Hamburg · Tel./Fax 040/439 28 38
 Diplom-Musiklehrer (Schwerpunkt Klavier)
 Saxophonunterricht, Klavier, Keyboard, Blasinstrumente

SINGEN

PETER ANDERS INSTITUT FÜR GESANG

Dammtorwall 4-6 · 20354 Hamburg
Tel. 040/35 71 39 54 – priv. 040/229 54 81 · Fax 040/35 71 39 54
 Ausbildung für alle Stimmen
 (siehe auch Anzeige auf S. 111)

SÄNGERAKADEMIE HAMBURG

Hammer Landstraße 204 · 20537 Hamburg
Tel. 040/21 30 43/44 · Fax 040/21 29 21
 Privates Ausbildungsinstitut für Laien- und Berufssänger

ZUPFINSTRUMENTE / GITARRE

JAN MICHAEL VEHSTEDT

Sagebielsweg 4 · 22587 Hamburg-Blankenese
Tel. 040/86 01 46 u. 86 66 24 67
Fax 040 / 86 66 24 67
 Studio für musikalische Früherziehung, musikalische
 Früherziehung Kinder ab 2 J., Rhythmik, Kindertanz

PROBERÄUME

Dass Musik mit Geräuschentwicklung verbunden ist, liegt in der Natur der Sache. Problematisch wird diese allerdings, wenn die Liebe zur Kunst von den Nachbarn nicht geteilt wird.

In der Tat ist das Üben und Musizieren in Wohnungen eine heikle Angelegenheit, auch wenn die gesetzlichen Bestimmungen im Mietrecht dies zu den angegebenen Zeiten ausdrücklich zugestehen. Kein Wunder also, dass die Suche nach einem Proberaum für viele Musiker und Bands eine existentielle Bedeutung annimmt, zumal die Nachfrage das Angebot, speziell in einer so musizierfreudigen Metropole wie Hamburg, chronisch übersteigt. So war es nur eine Frage der Zeit, dass die aus dem Zweiten Weltkrieg stammenden Hochbunker als ideale Probe- und Übungsorte für Rockbands ausfindig gemacht wurden. Über ganz Hamburg verstreut, beherbergen die hässlichen Betonkästen Legionen Hamburger Formationen, und wer einmal selbst in einem solchen Bunker geprobt hat, weiß, dass dies eine bleibende Erinnerung ist. Musiker und Bands, denen das klaustrophobische Ambiente egal ist, können sich über das RockBüro Hamburg e.V. nach freien Proberäumen erkundigen. Die Initiative verwaltet selbst über 100 Proberäume und hat einen Verteiler mit den Adressen anderer Bunker.

Musikerinnen (und nur diese!), die an stundenweisem Üben interessiert sind, können sich an das Frauenmusikzentrum in Altona wenden, das für Mitgliedsfrauen zum Teil komplett eingerichtete Proberäume zur Verfügung stellt. Einen ähnlichen Service, diesmal für drogenfreie Musiker, dafür aber unabhängig vom Geschlecht, bietet die Initiative Lass' 1000 Steine rollen.

BILLBROOK/ MOORFLEETER STRASSE
31 Räume · 8-40 qm · Vermietung über: RockBüro Hamburg e.V.
Kleine Freiheit 1 · 22767 Hamburg · Tel. 31 31 26

BILLBROOK/ MOORFLEETER STRASSE
18 Räume · 16-30 qm · Vermietung über: Achim Sommer
Winzeldorferweg 18 · 20251 Hamburg · Tel. 47 56 00

HAMM / EIFFESTRASSE
40 Räume · 12-27 qm · Vermietung über: Falkner Lohmann
Falkenried 85 · 20251 Hamburg · Tel. 47 93 73

HAMM / KREUZBROOK
20 Räume · 16-35 qm · Vermietung über: Falkner Lohmann
Falkenried 85 · 20251 Hamburg · Tel. 47 93 73

HAMM / PALMERSTRASSE
40 Räume · 12-27 qm · Vermietung über: Falkner Lohmann
Falkenried 85 · 20251 Hamburg · Tel. 47 93 73

HAMM / SPIELRAUM
11 Räume · 18-55 qm · Vermietung über: Oliver Werling
Hammer Steindamm 62 · 20535 Hamburg · Tel. 20 26 28

HAMMERBROOK / BULLERDEICH
12 Räume · 10-47 qm · Vermietung über: RockBüro Hamburg e.V.
Kleine Freiheit 1 · 22767 Hamburg · Tel. 31 31 26

HAMMERBROOK / HAMMER DEICH
15 Räume · 12-40 qm · Vermietung über: State Department
Hammer Deich 70 · 20537 Hamburg · Tel. 21 40 33

STEILSHOOP / GROPIUSRING
3 Räume · 30-50 qm · Vermietung über: Haus der Jugend
Gropiusring 26 · 22309 Hamburg · Tel. 63 29 62 84

ST. PAULI / OTZENSTRASSE
20 Räume · 8-54 qm · Vermietung über: A 3
Max-Brauer-Allee 197 · 22765 Hamburg · Tel. 430 09 68

ST. PAULI / OTZENSTRASSE
15 Räume · 6-54 qm · Vermietung über: RockBüro Hamburg e.V.
Kleine Freiheit 1 · 22767 Hamburg · Tel. 31 31 26

UHLENHORST / HUMBOLDTSTRASSE
25 Räume · 7-69 qm · Vermietung über: RockBüro Hamburg e.V.
Kleine Freiheit 1 · 22767 Hamburg · Tel. 31 31 26

WANDSBEK / VON-HEIN-STRASSE
36 Räume · 15-35 qm · Vermietung über: Bunker e.V.
Tratzigerstraße 11 · 22043 Hamburg · Tel. 657 14 37

WILHELMSBURG / EVERSWEEN
24 Räume · 10-36 qm · Vermietung über: RockBüro Hamburg e.V.
Kleine Freiheit 1 · 22767 Hamburg · Tel. 31 31 26

WINTERHUDE / DOROTHEENSTRASSE
40 Räume · 12-48 qm · Vermietung über: Möbel Brandes
Dorotheenstraße 42 · 22301 Hamburg · Tel. 27 09 39 20

WINTERHUDE / GERTIGSTRASSE
10 Räume · 12-28 qm · Vermietung über: Krüger & Scharnberg
Gertigstraße 64 · 22301 Hamburg · Tel. 27 07 91 28

ALTONA, HARBURG, HORN, RAHLSTEDT, WANDSBEK
Je 1-2 Räume · 25-50 qm · Vermietung über: RockBüro Hamburg e.V.
Kleine Freiheit 1 · 22767 Hamburg · Tel. 31 31 26

STUNDENWEISE ZU MIETENDE PROBERÄUME:

FRAUENMUSIKZENTRUM E.V.:
Altona · 6 Räume · 4-20 qm
Große Brunnenstraße 63a · 22763 Hamburg · Tel. 39 27 31

LASS' 1000 STEINE ROLLEN:
Barmbek · 4 Räume · 8-25 qm
Spohrstraße 1 · 22089 Hamburg · Tel. 27 38 77

Bergedorf · 3 Räume à 20 qm
Oberer Landweg 2 · 21033 Hamburg · Tel. 724 87 10

Billstedt · 3 Räume à 13-22 qm
Heideblöck 20a · 22115 Hamburg · Tel. 715 10 00

Kirchdorf · 2 Räume à 14 qm
Erlerring 1 · 21109 Hamburg · Tel. 750 93 57

STRASSENMUSIK

Ob es am Hamburger Wetter liegt? Im Vergleich zu anderen deutschen Großstädten ist die musikalische Straßenkultur in der Elb-
metropole eher unterentwickelt. Eine der wenigen Ausnahmen
stellt die Spitalerstraße in der Innenstadt dar, die als vom Verkehr
abgeschirmte Fußgängerzone akustisch wie räumlich gute Voraussetzungen für Einzelmusiker oder Ensembles aufweist.
Ähnliches gilt für den Rathausmarkt, allerdings nur bei gutem
Wetter, da die freie Fläche den Nordseewinden freie Fahrt lässt.
Ein für Straßenmusiker vergleichsweise guter Ort ist auch die
Ottenser Hauptstraße beim Altonaer Bahnhof. Hier sitzt die Mark
zwar nicht so locker wie in der Innenstadt, dafür können sich die
Musiker der insgeheimen Solidarität der Passanten sicher sein.
Eine stille Solidarität verbindet die Straßenmusiker auf dem Ham-
burger Kiez: Musikalisch kann einem nachts um halb eins auf der
Reeperbahn so ziemlich alles begegnen. Ansonsten gilt: In der
Peripherie der Hamburger Einkaufs- und Stadtteilzentren zwi-
schen Bergedorf, Rahlstedt, Wandsbek und Osdorf findet sich
immer eine windgeschützte Ecke, in der man spielen kann.

TONSTUDIOS

War es bis in die späten 80er hinein nahezu unmöglich, eine halbwegs unverzerrte und rauschfreie Aufnahme in Eigenregie auf irgendeine Art von Tonträger zu bekommen, so lassen sich inzwischen mittels Harddisc-Recording, DAT oder Mini-Disc klangtechnisch beeindruckende Aufnahmen im Übungsraum oder der heimischen Dachkammer realisieren. Schwere Zeiten für professionelle Tonstudios, möchte man meinen. Tatsächlich sollten es sich Amateurmusiker und -bands gut überlegen, ob das Geld für ein paar Stunden im Tonstudio nicht ebenso gut in eigenem Equipment angelegt ist. Abgesehen vom Home-Recording sind die Aufnahmestudios in Musikerinitiativen sowie einigen Jugendzentren preisgünstige und gar nicht mal so schlechte Alternativen.

PREISGÜNSTIGE, SEMIPROFESSIONELLE AUFNAHMESTUDIOS:

ROCKBÜRO HAMBURG E.V.
Raum 100 qm · 16-Kanal-Mischpult · 16-Spur-Bandmaschine
Kleine Freiheit 1 · 22767 Hamburg · Tel. 31 31 26

EV. JUGEND FARMSEN "ROTER SALON"
Raum 20 qm · 16-Kanal-digitales Mischpult · 16-Spur-Bandmaschine
Bramfelder Weg 25b · 22159 Hamburg · Tel. 645 17 84

FREIZEITZENTRUM NÖLDEKE-STRASSE E.V. (Harburg)
Raum 180 qm · 32-Kanal-Mischpult · 16-Spur-Bandmaschine
Nöldekestraße 19 · 21079 Hamburg · Tel. 763 35 19

HAUS DER JUGEND STEILSHOOP
Raum 40 qm · 24-Kanal-Mischpult · 16-Spur-Bandmaschine
Gropiusring 26 · 22309 Hamburg · Tel. 63 29 62 84

PROFESSIONELLE AUFNAHMESTUDIOS:

BLUE NOISE
Schnackenburgallee 215 · 22525 Hamburg
Tel. 54 55 55 · Fax 54 56 66 · E-Mail: blue_noise@proaudio.de

CHATEAU DU PAPE
Bogenstraße 52 · 20144 Hamburg · Tel. 42 31 00 0 · Fax 420 92 21
E-Mail: chateau@hhonline.de · www.bignote.de/chateau

ELBDEICH 23 STUDIO
Veddeler Elbdeich 23 · 20539 Hamburg · Tel. 789 25 37 · Fax 78 23 95

"HAFEN-KLANG" MUSIKSTUDIO GMBH
Carsten-Rehder-Straße 53 · 22767 Hamburg · Tel. 389 33 28

JAM PRODUCTIONS STUDIO
Kückallee 24b · 21465 Reinbek · Tel./Fax 722 62 96
E-Mail: k.lukas@proaudio.de

MILCHKETTENMUSIK
Susannenstraße 21a · 20357 Hamburg · Tel. 430 14 32
www.ourworld.compuserve.com/homepages/milchkettenmusik

M.O.B. Tonstudios H. Siewert
Eimsbüttler Straße 63 · 22769 Hamburg · Tel. 43 18 90 90
Fax 43 18 90 92 · www.dipa.de/mob.de

OUGENWEIDE O' TON STUDIO
Billhorner Brückenstraße 40 · 20539 Hamburg · Tel./Fax 789 84 76

SOUNDGARDEN
Ost-West-Straße 45 · 20457 Hamburg · Tel. 32 28 88 · Fax 32 48 34

TOPSPOT Manuel Backert
Sandstraße 18 · 22175 Hamburg · Tel. 643 28 09 · Fax 643 25 58
E-Mail: info@topspot.de · www.topspot.de

NACHBEARBEITUNGEN / ÜBERSPIELUNGEN UND VERVIELFÄLTIGUNGEN:

MISIAK-MASTERS OF MASTERING Musik & Film Tonnachbearbeitung
Hermannstal 43 · 22119 Hamburg · Tel. 651 89 50 · Fax 655 61 25
E-Mail: misiak@ceraton.de · www.misiak.ceraton.com

MULTI AUDIO TONTRÄGER GMBH Mastering / Serien
Henriettenstraße 38a · 20259 Hamburg · Tel. 401 94 40
Fax 401 94 419 · www.multi-audio.de

PHONIX PRODUCTION Kassetten-Überspielungen Audio und Video
Hans-Henny-Jahnn-Weg 21 · 22085 Hamburg
Tel. 22 16 66 · Fax 22 10 91

HANS-WERNER THALMANN Kassettenkopien / CD-Kopien
Eppendorfer Landstraße 157 · 20251 Hamburg
Tel. 460 10 68 · Fax 48 62 06

KAUFEN, MIETEN, ABTANZEN...

KAUFEN, MIETEN, ABTANZEN...

Man muss nicht ein Instrument beherrschen, um der Musik verfallen zu sein. Und das ist auch gut so, schließlich leben die Musiker von den Musik-Konsumenten, den Plattensammlern, Disco-Gängern und Feten-Machern.

Dass eine Musik-Stadt wie Hamburg auch diese Klientel bestens bedient, versteht sich von selbst, und dies längst nicht nur bei Second-Hand-Scheiben. So mancher Radiomoderator dürfte von der Suche nach Hörern ein Lied singen können, die Frequenzdichte der Stadt ist rekordverdächtig, und auch die Hamburger Printmedien beackern die Zielgruppe des Musikkonsumenten gleich mehrfach. Kurz: Hamburg hat (auch) ein Herz für Nicht-Musiker.

CDs UND SCHALLPLATTEN

Kaum jemand hätte den Boom vorausgeahnt, den die CD ab Mitte der 80er genommen hat. Und wenn auch nicht wenige aus der Branche angesichts Minidisk und MP-3-Kopien aus dem Internet der CD ein ähnliches Schicksal bescheinigen wie seinerzeit der Vinyl-Scheibe, so werden mit Sicherheit noch einige Dekaden vergehen, bis dieser Tonträger ins Museum wandert. Vom Hifi- bis zum Flohmarkt, vom Fachgeschäft bis zum Second-Hand-Laden kommen passionierte Sammler in Hamburg ebenso auf ihre Kosten wie preisbewusste Schnäppchenjäger.

MAINSTREAM

BRINKMANN
Spitaler Str. 10 · 20095 Hamburg · Tel. 300 40
Futter für den gleich mitgekauften CD-Player: zielgruppengerechte Auswahl zwischen Klassik und Pop in Hamburgs renommiertem Technik-Kaufhaus.

HANSE-CD
Große Bleichen 36 · 20354 Hamburg · Tel. 34 05 61
Der Klassik-Spezialist im noblen Hanseviertel: feine Musik in feinem Ambiente für feine Leute.

HEIMANN
Wandelhalle im Hauptbahnhof · 20095 Hamburg · Tel. 32 12 41
Wer den Zug verpasst hat, kann sich zwischen den Regalen die Zeit vertreiben oder schnell noch ein Mitbringsel aussuchen. Schwerpunkt Rock-Pop.

H.O.T. – HOUSE OF TECHNIK
Eiffestr. 664 · 20537 Hamburg · Tel. 21 09 71 0
und Wariner Weg 2 (Rahlstedt-Center) · 22143 Hamburg · Tel. 675 060
Die CD als Randsortiment, bei durchschnittlichem Preisniveau.

MAKRO-MARKT
Kieler Str. 433 · 22525 Hamburg · Tel. 54 74 20
Gute Auswahl an Pop-CDs, teilweise günstige Neuerscheinungen. Die früher gut sortierte Klassik- und Jazz-Abteilung wurde leider abgespeckt.

MEDIA-MARKT
Nedderfeld 70 · 22529 Hamburg · Tel. 46 07 11 43
Große Auswahl, relativ kleine Preise – hier werden sogar Jazzfreunde fündig.

MICHELLE
Gertrudenkirchhof 10 · 20095 Hamburg · Tel. 32 62 11
Von Alternativ bis Hard-Core zeichnet sich Michelle durch eine große Auswahl für jene Musikhörer aus, die sich eher zu den "Experten" zählen. Auch echte, neue Schallplatten kann man hier noch erwerben.

SATURN-MARKT
Mönckebergstr. 1 · 20095 Hamburg · Tel. 30 95 80
Riesige Auswahl in allen Musikbereichen, stets viele Sonderangebote und auch bei Neuerscheinungen recht flink.

SCHALLPLATTE AM MÖNCKEBERGBRUNNEN
Spitaler Straße 22 u. 26 · 20095 Hamburg · Tel. 30 37 23 44 (Pop) 30 97 24 33 (Klassik)
Beim Innenstadtbummel immer einen Besuch wert: ein Laden für Pop- und Jazz-, der andere für klassische Musik. Beide gehören zum jpc-Schallplattenversand.

SCHAULANDT
Nedderfeld 98 · 22529 Hamburg · Tel. 48 00 13-0 und Ottenser Hauptstraße 8 (Mercado) · 22765 Hamburg · Tel. 39 88 980
Ansprechende Auswahl an CDs für jeden Geschmack

WOM - WORLD OF MUSIC
Jungfernstieg 16-20 (Alsterhaus) · 20354 Hamburg · Tel. 355 14 30
WOM im Alsterhaus nimmt für sich in Anspruch, die größte Auswahl an CDs zu haben.

ZWEITAUSENDEINS
Grindelallee 71 · 20146 Hamburg · Tel. 44 78 88 und Colonnaden 9 · 20354 Hamburg · Tel. 357 18 431
Allzeit Bewährtes aus 300 Jahren Klassik, Jazz und Rock, und das zu BAFöG-kompatiblen Preisen.

SECOND-HAND, VINYL & MEHR

Vor allem im Schanzen- und Karoviertel, aber auch in Ottensen und dem Uni-Viertel sind zahlreiche Second-Hand-Schallplattenläden aus dem Boden geschossen, die von Abba bis Zappa so ziemlich alles anbieten, was jemals in Rillen gepresst wurde. Parallel zum Vinyl verkaufen die meisten Second-Hand-Läden auch CDs. Bei der Inzahlungnahme bzw. dem Ankauf gebrauchter CDs, Schallplatten und ganzer Sammlungen muss man sich allerdings darauf gefasst machen, dass selten mehr als drei Mark geboten werden. Deutlich höher gehandelt werden gut erhaltene Originale. Neben den Second-Hand-Läden finden über das Jahr hinweg zahlreiche Flohmärkte statt, auf denen immer noch jede Menge Schallplatten verkauft werden. Highlight ist sicherlich die regelmäßig stattfindende Schallplattenbörse in der Uni-Mensa. Das Stöbern lohnt sich aber auch in diesen Läden:

BASEMENT RECORDS
Neuer Kamp 30 · 20357 Hamburg · Tel. 43 25 33 60
Pop u. Rock aus den 60ern bis heute, Hip Hop

CHECKPOINT CHARLIE
Gärtnerstraße 31 · 20253 Hamburg · Tel. 422 45 07
Große Auswahl aller Musikrichtungen (nicht zu verwechseln mit dem
gleichnamigen HiFi-Laden an der Schönstraße)

CONTAINER RECORDS
Reeperbahn 115 · 20359 Hamburg · Tel. 317 44 22
Drum 'n' Bass, House, Techno – Spezialladen für Plattenaufleger

DANZA Y MOVIMIENTO
Neanderstraße 41 · 20459 Hamburg · Tel. 34 03 28
Von Brasil bis Tango vorwiegend CD-Direktimporte aus Latein- und Südame-
rika. Öffnungszeiten mit Zeitverschiebung (tägl. 15-19 Uhr, Sa 12-16 Uhr)

DARK STAR RECORDS
Schulterblatt 78 · 20357 Hamburg · Tel. 439 21 55
Spezialisiert auf Hard-Rock bis Hard-Core

FEEDBACK
Fruchtallee 124 · 20259 Hamburg · Tel. 491 84 48
Von allem etwas

GROOVE CITY
Rathausstraße 12 · 20095 Hamburg · Tel. 430 21 49
City-Spezialist für Rap, Drum & Bass, Reggae, Soul und Jazz

INGO'S PLATTENKISTE
Grindelallee 41 · 20146 Hamburg · Tel. 45 18 59
Schon lange im Geschäft; große Auswahl aller Musikrichtungen

MUSIK ANTIK
Weidenstieg 114 · 20259 Hamburg · Tel. 40 02 72
Die Fundgrube für Schellack-Fetischisten. Eigene CD-Überspielungen
alter Aufnahmen. Grammophonzubehör und Geräteverkauf. Geöffnet nur
samstags von 10 – 14 Uhr

PLASTIK
Schulterblatt 84 · 20357 Hamburg · Tel. 43 24 52 46
Trendiger Laden im Schanzenviertel, vorwiegend Drum & Bass und House

PLATTENRILLE
Rutschbahn 15 · 20146 Hamburg · Tel. 410 62 99
Vorwiegend Pop und Rock, große Auswahl, reelle Preise, viele Raritäten

PLAY IT AGAIN SAM
Stresemannstraße 130 · 22769 Hamburg · Tel. 430 15 67
Spezialist für deutsche und internationale Schlager, Filmmusik und Kurioses

REKORD TONTRÄGER
Schanzenstraße 46 · 20357 Hamburg · Tel. 43 25 30 08
Rock, Funk, Soul, Reggae: echte Second-Hand-Fundgrube

ROUGH-TRADE-RECORDS
Kampstraße 4 · 20357 Hamburg · Tel. 43 29 64-0
Gern frequentierte Adresse für Independent- und Alternativ-Anhänger

SCHELLACKPLATTEN & SINGLE-VERSAND HAMBURG
Clemens-Schultz-Straße 50 · 20359 Hamburg · Tel. 319 26 68
Von Caruso bis Presley, Grammophone und Musicboxen können gleich mitgekauft werden

SCRATCH RECORDS
Schanzenstraße 79 · 20357 Hamburg · Tel. 439 52 83
Alle Musikrichtungen, speziell Hip-Hop, Techno u. Alternative

SLAM RECORDS
Schulterblatt 104 · 20357 Hamburg · Tel. 430 20 93
und Bahrenfelder Straße 98 · 22765 Hamburg · Tel. 39 90 39 90
Gut und günstig quer durch alle Richtungen

STARPOINT RECORDS & EQUIPMENT
Sierichstraße 148 · 22299 Hamburg · Tel. 46 26 22
Alles zwischen Funk und Techno, Equipment für DJs

SYLVAN SUBSONIC RECORDS
Bogenstraße 5 · 20144 Hamburg · Tel. 41 35 06 90
Netter Hip-Hop-Laden, in dem man zu den Platten gleich die passenden Klamotten kaufen kann, inklusive Sommergarten

TARANTULA RECORDS
Pilatuspool 7 · 20355 Hamburg · Tel. 35 35 11
Soundtrack-Paradiso mit 20.000 Titeln nur aus dem Bereich Filmmusik

TEXT + TÖNE
Grindelallee 80 · 20146 Hamburg · Tel. 45 03 64 67
und Eppendorfer Baum 34 · 20249 Hamburg · Tel. 46 07 00 91
Alle Musikrichtungen, gut sortiert

YESTERDAY-RECORDS
Feldstraße 37a · 20357 Hamburg · Tel. 432 744 49
Relativ neuer Laden im Karo-Viertel nach dem Motto "Gebraucht wie neu". Single-Raritäten

ZARDOZ
Lange Reihe 52 · 20099 Hamburg · Tel. 280 32 30
und Ottenser Hauptstraße 19 · 22765 Hamburg · Tel. 39 90 11 63
und Paul Nevermann-Platz 1 · 22765 Hamburg · Tel. 38 51 20
Alle Musikrichtungen. Der Laden in der Ottenser Hauptstraße lockt auch durch seine Café-Bar und eine große Auswahl an Second-Hand-Literatur

25 RECORDS
Galleria · Große Bleichen 25 · 20354 Hamburg · www.25records.de
Klein und exklusiv: Nur 25 CDs gibt es hier, dafür aber Drum & Bass, House und Jazz vom Feinsten

DISKOTHEKEN

Hamburgs Club- und Disko-Szene hat internationales Format, und auch wenn Vergleiche mit London oder New York ein wenig hinken, bietet die Hansestadt für Pistengänger und Nachtschwärmer eine Auswahl, die in Deutschland nur von Berlin übertroffen wird. Anders als in der Hauptstadt konzentriert sich die Hamburger "Szene" auf den Kiez rund um die Reeperbahn. Die "sündige Meile" hat seit den Achtzigern ihr Image beträchtlich gewandelt. Zwar wird man hier alle paar Meter mit nackten Tatsachen konfrontiert, die aber ebenso wie die unvermeidlichen Türsteher inmitten all der neu entstandenen Lokalitäten den rührend antiquierten Charme eines Jürgen-Roland-Krimis verbreiten. Jedenfalls: Mit genügend Barem in der Tasche und einer entsprechenden Kondition lässt sich in Hamburg im wahrsten Sinne des Wortes die Nacht zum Tage machen. Neu-Hamburger sollten allerdings bedenken, dass dieselbe erst nach Mitternacht beginnt. Wer davor aufkreuzt, hat in der Regel die Tanzfläche für sich. Immer einen Besuch wert sind die folgenden Clubs und Diskotheken:

ABSOLUT
Hans-Albers-Platz 15b · 20359 Hamburg · Sa ab 23 Uhr
Eine Zeit lang für die Gay-Gemeinde reserviert war das Absolut. Inzwischen werden im Powder Room auch Heteros reingelassen.

AFTER SHAVE
Spielbudenplatz 7 · 20359 Hamburg · Do-Sa ab 23 Uhr
Zu den Klassikern für Traditionalisten gehört das After Shave am Spielbudenplatz. Seit zwanzig Jahren von Szenekritikern ständig totgesagt, wird die Disko wohl auch noch die nächsten zwei Dekaden überdauern. Der Grund mag in dem pflegeleichten Funk und Soul liegen, der die Musikauswahl dominiert. Gutsituierte Mittdreißiger haben bei sanften Grooves genügend Muße zum unverbindlichen Blickkontakt.

AFTER WORK CLUB
Café Schöne Aussichten · Gorch Fock Wall 2 · 20354 Hamburg
Do ab 18 Uhr
Der After Work Club im Café Schöne Aussichten bietet endlich auch gestressten Bankangestellten und Sekretärinnen die Möglichkeit, Beruf und Amusement miteinander zu verbinden, denn die Party steigt bereits gleich nach Feierabend ab 18 Uhr. Und das jeden Donnerstag.

ASTORIA DANCEHALL
Kleine Freiheit 42 · 22767 Hamburg · Do-Mo ab 22 Uhr
Die Astoria Dancehall gilt als Hochburg des schlechten Geschmacks. Ob
dem so ist, kann jeden Montag überprüft werden, wenn Schlager angesagt sind. An den anderen Tagen dreht sich der Plattenteller zwischen
House und Disko. Jeden ersten und dritten Samstag im Monat trifft sich
hier übrigens der Tuxedo Junction Swing Club mit den Klassikern der
30er und 40er Jahre.

BIG APPLE
Barmbeker Markt 37 · 22081 Hamburg · tägl. ab 23 Uhr
Mittvierziger haben im Big Apple am Barmbeker Markt unweigerlich ihr
Déjà-vu-Erlebnis, zumal wenn ihnen ein attraktiver Teenager in Indien-
Klamotten mitten im Solo von Led-Zeppelins "Kashmir" zuzwinkert.

CAFÉ KEESE
Reeperbahn 19-21 · 20359 Hamburg · Tel. 31 08 05
Für ältere Herrschaften und solche, die Etikette nicht für den Plural von
Preisschildern halten, bietet das Café Keese auf der Reeperbahn täglich
ballähnliche Veranstaltungen. Per Tischtelefon dezent bei der Dame mit
dem Pudel und der Sachertorte anfragen – das hat noch immer Klasse.

CAVE
Reeperbahn 48 · 20359 Hamburg · Fr-So ab 22 Uhr
"Morgenstund hat House im Mund": House und Techno für Leute mit
Kondition und belastbaren Trommelfellen wird im Cave geboten. Donners-
tags ist "Ladies Night" mit großzügigem Getränkebonus für die Damen.

CULT
Große Freiheit 2 · 22767 Hamburg · Di-Do ab 22 Uhr · Fr, Sa ab 23 Uhr
Ob Nomen gleich Omen ist, sei beim Cult dahingestellt. Keine Frage ist,
dass die Siebziger u. Achtziger jede Menge Kultbands zu bieten haben,
und die werden auch mit Vorliebe durch die Lautsprecher gejagt.

DOCKS
Spielbudenplatz 19-20 · 20359 Hamburg · Do-So ab 22 Uhr
Im Docks dominieren Rock-, Soul- und Dance-Klassiker der letzten 30
Jahre. Donnerstags gibt es Bier für eine Mark und jeden dritten Freitag im
Monat die NDW-Party.

E.D.K.
Gerhardstraße 3 · 20359 Hamburg · Fr, Sa ab 1 Uhr
Treffpunkt für ein vorwiegend schwul/lesbisches Publikum mit Hang zum
progressiven House ist das E.D.K. Nach dem Motto "klein, aber fein"
kommt hier allerdings nicht jede/r rein.

FUNKY PUSSY CLUB
Große Freiheit 34 · 22767 Hamburg · Mo-Sa ab 22 Uhr
Über einen Mangel an jungen und meist sehr blonden Mädels kann sich
der Funky Pussy Club nicht beschweren. Geboten werden R&B, Funk,
Soul und HipHop.

GRÜNSPAN
Große Freiheit 58 · 22767 Hamburg · Fr, Sa ab 22 Uhr
Schon eher auf eine langhaarige und deutlich ältere Zielgruppe ausgerichtet ist das Grünspan, Hamburgs dienstälteste Rock-Disko. Inzwischen
auch eine der wichtigen Konzertbühnen der Stadt, werden hier Liebhaber
fetter Gitarrenriffs von den Beasty-Boys bis ZZ-Top bestens bedient.

HEADBANGERS BALLROOM
Große Elbstraße 14 · 22767 Hamburg · Fr, Sa ab 22 Uhr
Auf der Tanzfläche dominieren martialische Gesten und das rhythmische
Ausschütteln der frisch gefönten Mähnen, der Anteil des weiblichen
Geschlechts ist entsprechend gering.

KAISERKELLER
Große Freiheit 36 · 22767 Hamburg · tägl. ab 22 Uhr
Die zur Großen Freiheit 36 gehörende Disko kann zwar als Wett-
bewerbsvorteil anführen, dass einst hier die Beatles geschrummelt haben,
das eigentliche Erfolgsrezept liegt jedoch in der musikalischen Bandbreite.
Die ist ebenso gemischt wie das vorwiegend jugendliche Publikum und
reicht von Alternative bis HipHop.

LA CAGE
Reeperbahn 136 · 20359 Hamburg · Fr, Sa ab 23 Uhr, So ab 21 Uhr
Schrill geht es im La Cage im ehemaligen Top Ten zu. Freitags präsentiert
"Le salon" französische House-Klänge, samstags gibt es im Keller den "Ho-
nolulu Playboys Club"; sonntags lockt der Gay-Club "La Cage aux Folles".

MADHOUSE
Valentinskamp 47 · 20354 Hamburg · tägl. ab 22 Uhr
An der Rockhistorie orientiert sich das Madhouse am Valentinskamp. Wie
oft hier in den letzten 30 Jahren "Satisfaction" gelaufen ist, weiß niemand
zu sagen.

PHONODROME
Zirkusweg 20 · 20359 Hamburg · Fr, Sa ab 23 Uhr
Das Phonodrome war früher mal eine Stätte zum Reparieren von Autos,
inzwischen wird hier auf andere Art gehämmert. Wichtige Leute haben
schon in diesem vom Ambiente auf das Wesentliche reduzierten House-
und Techno-Club die Platten aufgelegt.

SAVOY
Mittelweg 141 · 20148 Hamburg · Fr, Sa ab 22 Uhr, So ab 19 Uhr
Salsa-Rhythmen dominieren das Savoy. Mitten in Pöseldorf und dabei ein
wenig versteckt gelegen, geht es hier am Wochenende hoch und heißblü-
tig her. Freitags mit kostenlosem Tanzkurs!

SAX
Holstenplatz 18 · 22765 Hamburg · Mo, Mi, Do ab 21, Fr-Sa ab 22 Uhr
Auf Latin-Feeling setzt das Sax unweit der Neuen Flora am Holstenplatz.
Entsprechend multikulturell setzt sich auch das Publikum zusammen.
Gelegentlich Live-Performances.

SCHALLWERK
Gasstraße 12 · 22761 Hamburg · Do-So ab 22 Uhr
Das Schallwerk im Bahrenfelder Industriegebiet bietet Techno- und House-Events sowie Fun- u. Mottoparties für jedermann.

SHARK-CLUB
Mönckebergstraße 7 · 20095 Hamburg · Di-Do 21-4 Uhr, Fr u. Sa 21-6 Uhr
Nicht(s) für jedermann ist der Shark-Club im Levante-Haus. Zu Dance-Klassikern bzw. was dafür gehalten wird, treffen sich hier vor allem wichtige und schöne Menschen bzw. solche, die sich dafür halten.

SOUNDS
Holzmühlenstraße 12 · 22041 Hamburg · Fr, Sa 22 Uhr
Was das Big Apple für Barmbek, ist das Sounds für Wandsbek: eine grundsolide Rockdisko.

TRAXX
Altländer Straße 9-10 · 20095 Hamburg · Di, Fr, Sa ab 22 Uhr
Der frühere Ruhm als Treffpunkt der Hamburger Schickeria ist zwar verblasst, mit Motto-Partys und neuem Publikum ist aber wieder Schwung in das Traxx gekommen.

VOILÀ
Conventstraße 8-10c · 22089 Hamburg · Mi, Fr, Sa ab 22 Uhr
Dancefloor, Techno und Trance wird im Voilà in der entertainmentmäßig eher unterentwickelten Gegend an der Wartenau geboten. Sonnabends läuft hier der legendäre EFX-Club.

WEISSE MAUS
Taubenstraße 13 · 20359 Hamburg · Do-So ab 21 Uhr
Geswingt wird ab und zu in der Weißen Maus. Ansonsten gibt es in der niedlichen Eckbar Ska und House zu hören.

ZORBA THE BUDDHA
Heinickestraße 2-6 · 20249 Hamburg
Di, Mi ab 21 Uhr, Do ab 23 Uhr, Fr, Sa ab 22 Uhr, So ab 16 Uhr
Lächeln und ein gewisses multikulturelles Understatement ist angesagt im Zorba the Buddha. Die Atmosphäre in diesem traditionellen Dancefloor-Schuppen ist angenehm entspannt, Männer wie Frauen eher schon jenseits des Examens. Dafür haben sie beim "Jungbrunnen" freien Eintritt.

MIETKÜNSTLER: MUSIKER, BANDS & DJs

Ob für die Party, Hochzeitsfeier oder das Betriebsfest: Die Musik braucht nicht nur aus der Konserve zu kommen. Hamburg beherbergt Hunderte von Musikern aller Richtungen, die im besten Sinne des Wortes "käuflich" sind. Ein umfassender Überblick Hamburger Musiker erscheint jährlich im Hamburger Allerlei (Missing Link Verlagsgesellschaft, DM 18,00). Außerdem lohnt sich ein Blick in die "Gelben Seiten" (unter "Musikagenturen" bzw. "Musikkapellen").

Aus dem Vollen schöpfen lässt sich auch beim Künstlerdienst Hamburg unter dem Dach der Bundesanstalt für Arbeit. Vermittelt werden Musiker aus den Bereichen Tanz, Pop, Jazz, Folklore, Klassik sowie Solopianisten, Alleinunterhalter und Diskjockeys.

> **Kontakt: Künstlerdienst Hamburg**
> **Nagelsweg 9 · 20097 Hamburg · Tel. 24 85-0**
> **E-Mail: kd-hamburg@t-online.de**
> **www.arbeitsamt.de**

... UND AUCH DIESE KÜNSTLER- & VERANSTALTUNGS-VERMITTLUNGEN HELFEN WEITER:

Axel's Starpromotion, Tel. 25 50 90
Büro Schölermann , Tel. 36 26 22
Grundt-Veranstaltungsservice, Tel. 200 93 14
Internationale Kapellen-Agentur, Tel. 22 33 61
Oldie- und Rockbands, Tel. 270 32 07

MUSIKER, ENSEMBLES & BANDS – FÜR JEDEN MUSIKGESCHMACK:

A-cappella-Gruppen
Die Buddhas, Tel. 51 40 11 30
LaLeLu, Tel. 490 54 69
Norbert und die Feiglinge, Tel. 36 26 22
The Gospel Voices, Tel. 553 53 12

Akkordeonspieler
Der "Original Hamburger Schorsch", Tel. 560 60 10 60
Margot Schöneberndt, Tel. 553 38 79

Barpianisten
Marco de Luise, Klavier, Gitarre, Gesang, Tel. 50 53 82
Piano Office Waldemar Grab, Tel. 677 91 88

Blues / Boogie Woogie
Abi Wallenstein, Tel. 43 46 97
Hot Stuff – Norbert Susemihl, Tel. 59 57 94
Joja Wendt, Tel. 35 26 61

Chansons
Ellen Borck (dt. Chansons der 20er u. 30er Jahre), Tel. 21 81 89
Frivoldies, Tel. 551 40 55
Musette & Chanson à l' accordeon, Tel. 27 80 07 95

Country Music
Hermann Prinz, Tel. 422 33 34
Walnut Grove, Tel. 691 02 36

Cover Bands
René Borg (Marius-Müller-Westernhagen-Show), Tel. 608 00 28
Cruisin´ for Burgers (Frank Zappa), Tel. 85 65 29
Elvis & die Schnuckies, (Elvis Presley), Tel. 390 01 89
Irish Party Band (Pogues), Tel. 20 68 25
Michow Concerts (Beatles), Tel. 480 08 08
Mick Stachow & his Stones (Rolling Stones), Tel. 43 18 90 99

Dinner Music
Afternoon Snacks (Tuba u. Saxophon), Tel. 850 29 26
Blue Hour, Tel. 319 55 68
Michael Jan Haase (Klassische Ensembles v. Trio - Septett), Tel. 27 66 57
Ann Junk (Gesang m. Piano, Akkordeon o. Gitarre), Tel 38 39 70
Peggy Perfect Selection, Mobil: 0172-451 24 05, e-mail: peggy@peggymusic
Stan West & the Atlantic Swing, Tel. 82 00 54

HERLICH ENGEL TRIO Salonmusik · Tel. 04644/7505

DJs
Wolfgang Barth, Tel. 53 32 00 51
Niels Kleenworth, Tel. 721 88 98
Ed Riley, Tel. 647 64 47
Morris Teschke, Tel. 20 98 10 97
TNT Music Team, Tel. 37 51 85 09
Udo Zoll, Tel. 401 58 79

Drehorgelspieler
Dieter Komminck, Tel. 38 70 18
Drehorgel-Klaus, Tel. 220 59 57

Geburtstagslieder Service
Von der Einzel-CD zu Omas Achtzigstem bis zu 25.000 CDs für das Firmen-
jubiläum: Der Hamburger Geburtstagslieder Service textet und komponiert
Lieder nach individuellen Vorgaben und nimmt dieselben im eigenen Studio

und mit professionellen Musikern auf. Der Phantasie des Auftraggebers sind so gut wie keine Grenzen gesetzt.

HAMBURGER GEBURTSTAGSLIEDER SERVICE
Telemannstraße 46 · 20255 Hamburg
Tel. 40 19 60 28 · Fax 43 27 12 35 · www.liederservice.de

Gitarristen

André Krikula (brasil./span.), Tel. 491 84 51
Jan Hengmith (Flamenco), Tel. 390 36 30

Jazzbands

Blue 4 U Society Jazz, Tel. 40 53 26
Good Vibe Trio, Tel. 85 65 29
Hamburg New Orleans All Stars, Tel. 742 66 98
Jazz oder so, Tel. 603 98 55
Mississippi Mailers, Tel. 880 59 67
Norbert Susemihl's Arlington Annex (Jazz, Swing, Latin, Ragtime)
     Tel. 59 57 94
Thomas Krakowczyk Trio, Tel. 389 87 97
Trad. Old Merry Tale Jazzband, Tel. 04169 / 280

Klassische Musik

Perkeo Ensemble Quartett, Tel. 04171 / 7 55 11
Solistes Baroques de Paris, Tel. 66 57 20

Lateinamerikanische Musik

Cachaca (Bras. Musik), Tel. 491 84 51
Los Muchachos Paraguayos, Tel. 691 94 68
Mujeres Salsa Latina, Tel. 43 63 33
Salsa y Azucar, Tel. 641 29 02

Mittelalterliche Musik

Brumborium, Tel. 61 51 39
Der Troubadour, Tel. 80 37 76

Rockbands

Celebration, Tel. 556 70 21
Chálice, Tel. 551 96 60
DM Bob & the Deficits (Rockin' Country Punk), Tel. 317 28 02
Forgotten Esssence, Tel. 555 44 57
Magic Colours, 53 32 04 64
Mr. Jones, Tel. 43 18 05 77
Rock die Straße (unverstärkt), Tel. 695 65 64

Shanties

De Windjammers, Tel. 700 63 40
Seemannschor des Vereins geborener Hamburger e. V., Tel. 54 18 31
Shanty Chor Windrose, Tel. 59 05 34

MUSIK IN PRINT & RADIO

TAGESPRESSE & MAGAZINE

BILD
Axel-Springer-Platz 1 · 20350 Hamburg
Tel. 347 00 · Fax 34 72 45 14 · www.bild.de
Das Hamburger Musikgeschehen führt in der Zeitung mit den großen
Buchstaben ein eher stiefmütterliches Dasein.

HAMBURGER ABENDBLATT
Axel-Springer-Platz 1 · 20359 Hamburg
Tel. 347 00 · Fax 34 72 45 14 · live@abendblatt.de · www.abendblatt.de
Die Musikredaktion beweist in der jeweils donnerstags erscheinenden
Beilage Hamburg live mit allen Club- und Konzertterminen Kompetenz
und Durchblick.

HAMBURGER MORGENPOST
Griegstraße 75 · 22751 Hamburg · Tel. 88 30 0 · Fax 88 30 640
E-Mail: verlag@mopo.de · www.mopo.de
Die Mopo kommentiert auf der täglichen Pop-Seite engagiert die musika-
lischen Ereignisse und Trends der Stadt. Donnerstags gibt's zusätzlich das
gesamte Programm in der Wochenvorschau.

HAMBURG: PUR
Gurlittstraße 10 · 20099 Hamburg · Tel. 28 40 62 0 · Fax 28 40 62 10
E-Mail: redaktion@hamburg-pur.de · www.hamburg-pur.de
Das kostenlose Info-Magazin bietet einen betont puristischen Querschnitt
durch die Kulturszene.

HINZ & KUNZT
Curienstraße 8 · 20095 Hamburg · Tel. 32 10 83 11
www.hamburg-net.com/hinz&kunzt
Mit dem Verkauf des Stadtmagazins Hinz & Kunzt werden Obdachlose
unterstützt, und das bereits seit 1993. Die Zeitschrift informiert zwar eher
am Rande über die Musikszene, aber bei dem guten Zweck sollte das
eigentlich egal sein.

KULTUR NEWS
Friedensallee 7-9 · 22765 Hamburg · Tel. 39 92 95 13 · Fax 39 90 41 40
E.Mail: redaktion@bunkverlag.de
Die monatlich erscheinenden kostenlosen Kultur News werden ihrem
Anspruch durchaus gerecht. Die Musikredaktion beschäftigt sich seriös
auch mit Themen jenseits des Mainstream, der Hamburger Veran-
staltungskalender ist kompakt und heraustrennbar.

OXMOX
Böckmannstraße 15 · 20099 Hamburg · Tel. 24 87 77 · Fax 24 94 48
E-Mail: Info@oxmoxhh.de · www.oxmoxhh.de
Nach wie vor bunt und rockig präsentiert sich das Oxmox. Als Musiker-
Kontaktbörse ist das Magazin die unbestrittene Nummer Eins in Hamburg.

PISTE
Kollaustraße 122 · 22453 Hamburg · Tel. 23 68 72 22 · Fax 23 05 79
E-Mail: pistehamburg@aol.com · www.piste.de
Als "Bewegungsmelder der Stadt" sieht sich die Piste. Zielgruppe ist hier
der/die Party- und Immer-auf-der-Suche-nach-dem-neuesten-Trend-
befindliche Hamburger/in im Prä- wie Post-Abitur-Alter.

PRINZ
Poßmoorweg 5 · 22301 Hamburg · Tel. 27 17 14 50 · Fax 27 17 14 92
E-Mail: hamburg@prinz.de · www.prinz.de
Der Musikteil der Programmzeitschrift führt eher ein Schattendasein.

SZENE HAMBURG
Schulterblatt 120-124 · 20357 Hamburg · Tel. 43 28 42 0 · Fax 43 28 42 30
E-Mail: verlag@szene-hamburg.de · www.szene-hamburg.de
Hamburgs ältestes Stadtmagazin bietet dem Leser allmonatlich jede
Menge Hintergründe und Facts zum musikalischen Geschehen der Stadt.

TAZ NORD
Harkortstraße 81 · 22765 Hamburg
Tel. 38 90 17 30 · Fax 38 90 17 50 · Kultur@taz.de · www.taz.de
Ihrer kulturell aufgeschlossenen Leserklientel trägt die Hamburger taz-
Redaktion mit Konzertvorschauen, Kritiken und Porträts Rechnung.

RADIO

Zugegeben: Freunde des Mainstream werden gleich mehrfach umworben,
wobei die Programm-Macher, egal ob vom NDR oder Marktführer Radio
Hamburg, absolut wissen, was den Unterschied zwischen einem Phil
Collins- und einem Tina Turner-Fan ausmacht. Private Spartensender wie
Klassik Radio oder Fun Fun Radio begnügen sich mit den "Hit-Hits" ihres
Genres, und das ziemlich konsequent. Das Kontrastprogramm etwa auf der
Klassik-Vorzeigedame NDR 3 überrascht dagegen bisweilen schon morgens um zehn mit Alban Bergs Violinkonzert, das zu so früher Stunde
dem Meister selbst etwas schwer im Magen gelegen haben dürfte. Die
beiden nichtkommerziellen Sender FSK und Offener Kanal gehen – ganz
der Programmatik gemäß – ähnlich rigide vor. Hier werden immerhin auch
lokalen Musikern Möglichkeiten geboten, erstmals über den Äther zu
gehen. Relativ neu ist das Hamburger Lokalradio, das jeweils sonntags
auf der FSK-Frequenz ein Programm aus Literatur, Folk, Rock und jeder
Menge Jazz (der Anteil liegt bei 30 Prozent) sendet. Unabhängig davon
hat vor allem der Norddeutsche Rundfunk (speziell auf NDR 4) noch einige
langjährige Spezialsendungen in petto, die auch Jazz-, Blues- oder Folk-
liebhaber zufrieden stellen.
(Frequenzen A= Antenne, K= Kabel in MHz)

ÖFFENTLICH-RECHTLICHE RUNDFUNK-ANSTALTEN UND NICHT-KOMMERZIELLE SENDER:

NDR – LANDESFUNKHAUS HAMBURG
Rothenbaumchaussee 132-134 · 20149 Hamburg · Tel. 4156-0

NDR 1 Hamburg Welle (A 90,3 K 93,2)
Deutsche Schlager "wie bei Muttern"

NDR 2 (A 87,6 K 94,65)
"Klassiker" der Hamburg-Unterhaltung für alle über 30, abends
gelegentlich Konzertmitschnitte

NDR 3 (A 99,2 K 95,75)
Klassik von Bach bis Zemlinsky zum Mitreden und Mitschneiden,
dazwischen viel Kultur

NDR 4 Info (A 92,3 K 94,05)
Tagsüber reiner Info-Sender, ab ca. 19 Uhr mit vielen Spezial-Musik-
sendungen vom Amazonas-Folk bis Off Beat

N-Joy-Radio (A 94,2 K 90,55)
Coole Music für coole Kids

FSK – FREIES SENDER KOMBINAT (A 93,0 K 101,4)
Schulterblatt 23c · 20357 Hamburg · Tel. 43 43 24
(Hamburger Lokalradio: 72 69 24 22)
Die Frequenz für Alternative und Autonome. Arbeitet u. a. mit der Initiative
Rockcity zusammen (Live-Mitschnitte). Sonntags wird auf dieser Frequenz
das für Jazz-Liebhaber empfohlene Hamburger Lokalradio gesendet.

OFFENER KANAL (A 96,0 K 95,45)
Stresemannstraße 375 · 22761 Hamburg · Tel. 89 69 07-0
Schon mal das eigene Demo-Tape im Äther gehört? Der Offene Kanal
macht's möglich!

PRIVATE SENDER:

DAS NEUE ALSTER RADIO (A 106,8 K 96,75)
Rödingsmarkt 29 · 20459 Hamburg · Tel. 37 09 07-0
Das Alsterwasser unter Hamburgs Mainstream-Sendern

FUN FUN RADIO (A 95,0 K 97,25)
Spaldingstraße 218 · 20097 Hamburg · Tel. 237 33-0
Die Hits der 60er und 70er, bis man sie im Schlaf mitsingen kann

KLASSIK RADIO (A 98,1 K 93,55)
Brandstwiete 4 · 20457 Hamburg · Tel. 30 05 05-0
"Da capo": Klassik-Gassenhauer am laufenden Band

ENERGY 97.1 – JAZZ WELLE PLUS (A 97,1 K 99,65)
Winterhuder Marktplatz 6-7 · 22299 Hamburg · Tel. 480 01 90
Viel Kommerzielles und Black Music, aber von Jazz weit und breit
nichts zu hören

RADIO HAMBURG (A 103,6 K 88,05)
Speersort 10 · 20095 Hamburg · Tel. 33 97 14-0
Hamburgs Quotenführer, bei dem es hörbar der Mix macht: Mega-Hits
und gute Laune, und das den ganzen Tag über.

REGISTER

142

Plattenläden & Antiquariate

Musiker, Bands & DJs

Radio

Zeitungen & Magazine